アイデンティティと時代

山田正行

一九七〇年代の東大・セツルの体験から

同時代社

「教えるとは希望を語ること。学ぶとは誠実を胸にきざむこと」（アラゴン）

アイデンティティと時代——一九七〇年代の東大・セツルの体験から　目次

序章

一、主題―自己形成

人間は時代の中で生きなければならなず、そこから逃れられない。逃れられないだけでなく、人間らしく生きるためには、逃避せず、生き方を賭けなければならない時もある。私たちは「自分たちを極限にまで隔てる無限の混沌において賭をしている……賭をしなければならない。それは自発的なことではない。君は船出している」というブレーズ・パスカルの箴言には、繰り返し熟考すべき意義がある（ブランシュヴィック版『パンセ』断章二三三）。

しかし、「賭」には危険性が伴う。特に、子どもから大人へと高く飛躍するときに、それが高まる。これをエリック・エリクソンはアイデンティティ・クライシスと概括した。それは確かに危険だが、しかし、これを避けては大人になれない。しかも、周囲の間接的な支援は必要だが、飛躍するのは自分自身で、他は代われず、言わば近代社会における通過儀礼と言える。それ故、時代の動勢とアイデンティティの形成とが交錯する中でクライシスを乗り越えるアイデンティティ形成は、自己形成とならざるをえない。

今、私は五十代半ばを過ぎ、自分の青年期とアイデンティティ形成を振り返るとき、そのクライシスをよく乗り切れたと思う。そして、アイデンティティ形成（自己形成）の具体的事例としては、これを最も詳しく知っており、取りあげないのは、アイデンティティを研究する者として怠慢であると考えるに至った。

一九七三年～七七年という時期、私は東大の学生でありつつ、東京の下町でセツルメント（略称はセツル）の実践、青年運動、教育文化運動を通して地域を変え、社会をより良くしようと努力しながらアイデンティティを形成した。それは未熟で失敗の連続であり、とても直視できなかった。特に、失敗が「魅せられたる魂」（ロマン・ロラン）のようになり熱心に取り組んだ結果であるから、なおさら自分の内奥がさらけ出されるために、正対することを避けてきた。

しかし、発達に伴い「人間的強さ（human strength）」[*1]が形成され、四〇代半ばを過ぎると次第に向き合えるようになった。これは、一挙に変わったのではなく、漸進的であった。公刊された著書に即して言えば、まず二〇〇二年出版の『アイデンティティと戦争』（グリーンピース出版会、二〇〇二年）の「はじめに」や「あとがき」で若干言及している。そして、現在、ここで本格的に取り組み、時代の一角において、時代に影響されながら、時代と格闘した自己形成の事例としてまとめることにした。

＊1　エリック・エリクソン／鑪幹八郎訳『洞察と責任』誠信書房、一九七一年。この訳語は「人格的強さ」とされているが、私は「人間的強さ」とする。

二、方法―自己分析

小論の方法の機軸は自己分析である。また、自分の経験を分析するという点では、経験論の応用や発展でもある。さらに、分析の対象が過去の自分であることから自分自身の心理歴史的研究でもある。[*2]私は研究者として自分の記憶を文献や関係者の記憶と比較検討し、忘却や記憶の誤りを何度も気づかされたが、それ自体が情報であり、それを手がかりに分析を深めた。当然、できるだけ正確であろうと努めたが、それでもまだ誤りがあると思っている。読者が誤りに気づいたら、是非とも指摘していただきたい。それにより、さらに研究を進める。

＊2　心理歴史的研究として、私は前掲『アイデンティティと戦争』をまとめたが、本書はその発展である。

また、自己分析に関連する概念に「反省（省察）」があり、私は「現代社会教育における反省（省察）と弁証法」（『月刊社会教育』二〇〇八年六月号）、黒沢惟昭著『生涯学習とアソシエーション―三池、そしてグラムシに学ぶ』の書評（『日本社会教育学会紀要』第四六号、二〇一〇年）、「戦争と平和をめぐる教育と非教育の弁証法」（元木、田中編『非「教育」の論理』明石書店、二〇〇九年）などで、「反省」や「省察」よりも弁証法が重要であると論じてきた。それは「反省（以下省察も含めて反省で一括）」を一面的に棄却するのではなく、その意義を認めた上で、乗り越えるための論考であった。

教育・学習の過程において、人間は過去の自分自身を「反省」し、現状に取り組み、以後の発達に結実させることが求められる。それは、過去に基づき、現在を変革し、未来の自分を形成するのは、自分自身であろうとする自己形成の実践である。過去、現在、未来は不可分であり（西田哲学的には「過現未」）、過去を認識してこそ、それを対象化して乗り越えることができる。そうしなければ、未来は過去の再生産になる。私はそうならないように、過去の自分を反省し、その特質や限界を自覚し、それを以て今後の自己形成の「ゲネシス（生成）」と「ポイエシス（制作）」の弁証法（西田幾多郎、三木清）が展開するように努める。*3

このように述べたが、自分の過去を正視することは非常に困難な課題であるとも自覚している。まさに「言うは易く、行うは難し」（「塩鉄論・利議」）だが、王陽明のいう知行合一、良知に務めた先人がいることも事実である。この観点から、碓井正久が宮原誠一を論じて「人の自己教育は、この世に生きぬいていこうとする、かれの生きかたにかかわる。そのような自己教育を本旨とする社会教育について、深く論じようとすれば、論者は、まずみずからの生きかたを直視せざるをえないであろうし、深く底に秘めて成り立っていく」と述べたことを、繰り

＊3　詳しくは前掲「戦争と平和をめぐる教育と非教育の弁証法」で論じた。

返し反省的に思い起こす。[*4] これを大学院に入学したばかりの私は、碓井自身から初出の『社会教育』一九七九年六月号掲載の文章を渡され、よく考えるように言われた。

その後、自伝、自分史、ライフヒストリー、ライフストーリー、回想法などを学ぶ中でも、これを繰り返し熟考し、また自ら実践しようと努力してきた。小著はその結果の一つであり、また五〇代半ばに至った私の、自分自身のライフサイクルに関する中間的な総括でもある。

自伝として著名な『告白』において、ルソーは「内面を、裏面を」と自分を見つめ、「善も悪も同じようにすなおに語りました。わるいからといって、何一つかくさず、よいからといって何一つつけ加えませんでした。たまに何か勝手な文飾をほどこしたとすれば、それは記憶の喪失でできたすきまをみたすためにすぎなかったのです。真実だとさとってこれを真実としたことはありますが、いつわりだとさとってこれを真実としたことは決してありません」と述べている。[*5] 私もこれに努めた。ただし「何一つかくさず」という点では、取捨選択したことがあると記しておく。そして、これは都合が悪いことを隠すためではなく、研究者として私が価値判断を行った結果である。そして、この判断が的確かどうか検討するため、現在でも連絡がとれるところは可能な限り問い合わせ、できる限り自分を対象化し、多角的に検討するという意味で自己の客観視に努めた。しかし、有限な人間には制約や限界があり、それ故、この作業自体を対象化し、反省的に自覚し、これにより制約や限界を乗り越えるよう、さらに努めなければならない。完全で純粋な客観性は、絶対的超越的な唯一神的存在にしかありえないため、その十全な達成は不可能だが、しかし、諦めて断念すべきではない。パスカルの「人間が無限に人間を超えることを学べ」(『パンセ』断章四三四)に則り、西田の「絶対矛盾的自己同一」[*6]を踏まえ、努力し続けるべきである。それが自己形成、自己教育、そして生涯学習の本旨である。

＊4 碓井正久「宮原誠一―その理論と実践と―」全日本社会教育連合会『社会教育論者の群像』一九八三年、二八一頁

＊5 ジャン＝ジャック・ルソー／井上究一郎訳『告白』世界文学全集Ⅱ・5、河出書房新社、一九六四年、五頁。

＊6 『西田幾多郎全集』第九巻、岩波書店、一九八八年。

なお、若い頃のほのかな慕情について書いた箇所では、とても恥ずかしく大いにためらい、要点のみ選んだ。「チーズ」や「おふじ」のところは[*7]（一二四頁や一四六頁）、青年運動や教育文化運動に直接関係なく、触れなくてもいいと思われるだろうが、しかし、私はジクムント・フロイトのリビドーやミシェル・フーコーの性愛の歴史など研究し、本書はその応用たる自己分析であるため避けることはできない。それ故、デリケートなことで、相手もあるので、特に注意して美化や誇張をせず、要点のみ誠実に書くように努めた。書くことができたのは、恋慕の段階に止まり、性愛にまで進まず、クリティカルな臨界点で踏み止まったからと考えている。作家であれば、踏み越えても作品として書けるだろう。それを売り物にする者も中にはいるだろう。しかし、私はそこまで進む勇気も力量も意図もない。

*7 「チーズ」はセツルネームで、「おふじ」は愛称。セツルメントで活動していた学生は「セッラー」、その愛称は「セツルネーム」。私は石森章太郎の漫画「さるとびエッちゃん」の子分の犬の「ブク」と呼ばれていた（「ウラン（鉄腕アトムの妹）」が命名）。

三、呼称―主体

本書では、社会的によく知られた者の他は、セツルネーム、愛称、あだな、アルファベットの略称を使っている。アルファベットの場合、二文字は記憶した名前から選び出したもので、一文字はことわりのない限り名前を忘れたものである。

実名を使わないのは、今でも現役で働き、あるいは政治活動をしている者もおり、本書が影響することを避けるためだけでなく、積極的な意味もある。まず、セツルネームや愛称などにより、当時の人々の心性や関係性や状況の一端を示せる。次に、実名でなければ資料価値がないというのは浅薄で、実名を使えないからこそ重要な意味を伝えられることもある。第三に、確かに実名ではないが、当時、そのように呼び／呼ばれていたことは事実であり、この事実に基づいて考察を進めることもやはり重要である。第四に、考察においては、マルチン・ハイデガーの『存在と時間』第二編第二章の「呼び声」や「呼びかけ」、ルイ・アルチュセールの「イデオロギーと国家のイデオロギー装置」の「呼びかけ」、大文字の「主体（Sujet）」と小文字の「主体（sujet）」、そしてパウロ・フレイレの『被抑圧者の教育学』（亜紀書房、一九七九年）の「命名」などの概念を応用している。即ち、「ブク」などの呼称は、当人がそのように呼ばれる「主体」として存在し、実践した「世界」を認識するための重要な情報なのである。

第五に、フロイトは症例の分析で「ねずみ男」という呼称を使い、これは現在でも重要な精神分析の記録とされている。これもまた、実名を使わなくとも評価は変わらないことを示している。第六に、あだ名などはアイデンティティと仮面や遊びの関連を具体的に考えるために重要である。第七に、セツルネームに関しては、愛称の他に仮名や偽名の側面もある。これはセツルがサークルから社会改良、体制変革まで、様々な側面を持つことに相関している。まだ就職前の学生が体制の選択で不利にならないためには、本名を隠すことは有効である。そして不利益の危険性を知りながらもなおセツラーとなる点に、主体性として注目すべき意義がある。

そして、私はセツルでは「ブク」と呼ばれたが、葛飾の子どもたちは「山田君」や「ヤーマダ（水島新司の『ドカベン』の主人公山田太郎への岩鬼正美の呼び方）」、高校生は「ブクさん」か「山田君」、M・jさん（後述）は「ブク」と呼んでいた。私としては一貫しているが、それぞれにおいて存在も世界も変化し、それを通して自己形成が進んだ。

なお、文中で「教授」、「教員」、「先生」などは熟考した上で使い分けている。それに対して異論もあろうが、議論を通して共通認識が形成されることを願う。また川上徹氏では「氏」を使う場合と使わない場合がある。後者は上田耕一郎との関係を判断した結果であり、見落したためではない。

四、契機と経緯

二〇一〇年四月十三日、人権博物館（リバティ大阪）の朝治武事務局長から解放出版社編集部の松原圭氏、部落解放・人権研究所企画・研究部の内田龍史氏を紹介され、四人で談話する中で私がセツルの経験を語ると、翌日、松原氏が添付ファイルでセツルメント運動から隣保館への発展をまとめた論文「隣保館および隣保事業の歴史的・社会的考察と新たな創造にむけて―大阪における隣保事業の変遷から隣保事業と隣保館の今日的役割を探る―」（大北規句雄、二〇〇八年一月三〇日）を送ってきた。これに触発され、かつて私が属していた亀有セツルをネットで調べると、足立区のセツルメント診療所のホームページを見つけた（これは当時もあった）。

ノスタルジーと研究関心から連絡をとり、五月十五日に訪問することになった。その間に、診療所に併設されている「ひこばえ会」の永山都留子専務が、セツルメント診療所の歴史をまとめた和田清美他『大都市における地域医療・看護・介護の理想と現実―東京都足立区セツルメント診療所50年のあゆみ―』（こうち書房、二〇〇一年）を送ってきた。「ひこばえ」は戦前にセツルが弾圧されたが、戦後復活したことを含意している。そして、永山氏から、五〇年史では私が活動していた時期が空白になっていると知らされた。これは当事者としても、また研究者としても見過ごせなく、少なくとも私の記憶することを伝えなければならないと思った。ただし、私だけなら不十分であり、一年先輩の「オミソ」（セツルネーム。以下同様）に連絡をとり、診療所訪問前に会うことにした。

十五日の昼、恵比寿で「オミソ」、「スージー」、「ダルマ」、「スケタロウ」と会い、語りあう中で、ダルマから、「カンチョー」と思われる人物が保存していた当時の資料を見せられた。その中には私が書き、ガリ版で印刷したものが多く含まれ、まるで昔に書いたラブレターが出てきたような衝撃であった。

私自身も同じものを持っていたが、反省と後悔に満ちた紆余曲折の中でみな破棄してしまった。その時は、自分の過去を消し去りたかったためである。戦争犯罪の歴史研究では資料の隠滅、史実の隠蔽を批判するが、自分自身についでは同じことをしており、また反省が一つ増えた。

しかし、破棄しても、同じ文献資料がこの日に再び現れた。しかも、ダルマは不要だからと言って、私が所持することになった。当然、これは想い出したくない青春に関わっており、無意識の奥に抑圧し、忘れていた記憶を呼び覚まさす。それが自分の所持になったのである。従って、また破棄することもできるが、私は二度としないと決意した。そして、診療所に行った。診療所では暖かく歓迎され、当時のことを話す機会を得た。これにより、私は自分の過去を正視して、取り組まなければいけないとさらに強く自覚した。逆に言えば、資料が私に書くようにと「呼びかけ」、「責任」を喚起した。*8

そして、セツルについて自己分析を進めると、これと密接不可分の葛飾での青年運動や教育文化運動も取りあげなければならなくなった。こうして、本書では第一章でセツルについて述べ、次第に葛飾での諸運動に関する記述が増え、第三章からは葛飾が主となるという構成に

*8　前掲『洞察と責任』およびクロード・レヴィ＝ストロース／大橋保夫訳「民俗学者の責任」『構造・神話・労働』みすず書房、一九七九年。

なった。なお、私は学生として授業を受け、学生生活も送っていたので、各章は大きく地域と学園に分けてある。

五、一九七三年まで

一九五三年〜小学生

私は一九五三年に群馬県桐生市で生まれた。物心のついたとき、家の裏には田畑が広がり、西に歩けば里山に入り、東へ向かえば桐生川に出た。家のタンスの上には祖父の写真と母の祖父母の名前を記した札が置かれ、私は毎朝飯を盛った小さなお椀を供えさせられた（父の祖母は存命）。食事で、おかずが嫌いで食べたくないと言うと、食べるなと言われ、食事を取りあげられた。「お百姓さんが汗水垂らして作ったものは残らず食べろ」と食べ残しは許されなかった。

桐生は古くから織物業を中心に発展した産業都市であった。羽仁五郎は「タテの関係が主」の城下町に対して「ヨコ」の関係に基づき「平和につなが」る町人自治の町として評価している。[*9] しかし、それでも次の点は見過ごすべきではない。

江戸時代、足尾銅山が繁栄し、足尾の町は「足尾千軒」と称され、桐生はそこから江戸に向かう途中に位置していた。他方、足尾銅山の鉱毒が渡良瀬川で下流に運ばれたが、桐生は被害で知られる谷中村と足尾の中間にあった。このことは、銅山の繁栄と公害の被害という連関において、町人自治は前者の側にあったことを示している。

＊9　羽仁五郎『自伝的戦後史』講談社文庫版、一九七八年、三九頁。

次に、松平誠が祭礼を中心に戦後の桐生について述べており、それを取りあげる。彼は桐生を「北関東のどんづまりに在る古い産業都市」と述べているが、[*10]「北関東」ではなく、あくまでも関東平野の「どんづまり」であり、北にはまだ赤城山、谷川岳、足尾、日光などがある。そして、神社について見ると、桐生は神社を起点として町並みを形成している。桐生天満宮（関東五大天神）から南に本町通りがまっすぐ延び、それに沿って本町一丁目、二丁目と区画されている。小学校は北小、東小、西小、南小等と配置されていたが、北小は桐生天満宮の南に位置しており、桐生天満宮は町の奥に位置づけられていたことが分かる。私たちは桐生天満宮を「天神様」と呼んでいた。ただし、私の育った時期には、神社の北に住宅が広がり、バスの終点と駐車場ができ、既に奥ではなくなりつつあった。

松平は私の生まれた一九五三年度の「一之町『当番町』の祭礼では、一之町が夜通し屋台歌舞伎を上演している。縮緬と浴衣の二種類もの揃いを作って、世話方が威勢よく町の復興をうたいあげている」と書いている。[*11] 私は高度経済成長が始まる一九六〇年に東小学校に入学し、このような祭の様子をおぼろげながら記憶している。

私の通学した東小は桐生の中の下町にあった。ひがみ等で述べるのではなく、これから述べるセツルや葛飾の青年運動、教育文化運動に関わり必要と考え付言するのだが、当時の私の周辺の見方として、北小は上で、西小は頭がよく、南小はハイカラで、東小は元気だという感じだった。なお、羽仁は、生家が地元の有力な織物業者で、父の森宗作は第四十銀行の創立者で初代頭取であり、桐生北尋常小学校に通っていた（一九一三年に卒業）。

下町では小さな「ハタヤ（機屋）」や織物工場と、その労働者も多かったためか、六〇年安保の時は「安保反対」という言葉をよく耳にした。当時、私の家ではテレビはなく、ラジオの

*10　松平誠『祭の文化―都市がつくる生活文化のかたち―』有斐閣、一九八三年、二〇六頁。

*11　同前、二〇八頁。

ニュースに耳を傾けるような年齢ではなかった。「安保反対」は周囲から直接耳に入ったとしか考えられない。ただし、その意味は分かっていなかった。そして、分からない子ども同士で「安保反対」と言って遊んでいたのを憶えている。

小学五年生の一九六四年について、松下は「他の年中行事——春の商工祭、夏の七夕祭・花火などと一括りにした桐生まつりが誕生する。八坂祭礼はその中に位置づけられる六つの町の神社祭礼へと姿を変える。町内と祭礼集団とは、ここで大きく変質し、町内の価値観は、急速に変化していったのである」と述べている。[*12] この頃に山車を引いた記憶がある。しかし、その後は祭の記憶はなく、入れ替わりに映画やテレビの記憶が増えてくる。

小学一年生の頃に、家に電気炊飯器が現れ、以後、電気洗濯機、テレビ、電気掃除機、電気冷蔵庫と家電製品が増えていったことを憶えている。おそらく、親がボーナスが出るたびに一つずつ購入していったのであろう。

「コンバット」を見ていた記憶があるので、一九六二年にはテレビが家にあったと言える。他方、一九六四年の東京オリンピックの映像は、テレビではなく、市川崑監督の映画（一九六五年公開）のものが記憶されている。この映画について、記録か芸術かをめぐる論争があるが、私の記憶に即して言えば、市川監督の映像がはるかに優っているため、こちらが記憶に刻まれたと考える。

さらに映画について述べると、六二年に映画「史上最大の作戦」を見て、かっこいいと感じた。それは、私が勝利感を実感できるようになる発達段階に合っていた。そして、翌六三年に映画「大脱走」を見た。また、テレビでは六二年から「コンバット」が、その後「頭上の敵機」が放送された。六〇年安保で、私のような地方都市の子どもまで「安保反対」と口にするよう

*12 同前、二〇九頁。

に国民的規模にまで反戦平和運動が高揚した後に、このように戦争をテーマにした映画やテレビが次々に上映・放送されたのを偶然と見るならば、それは極めて楽観的である。「コンバット」は近年再放送され、内容あるヒューマンなドラマと言われているが、当時それを見ていた子どもの私にとっては、アメリカ軍の勝利でスカッとするのが一番の魅力だった。その後、日本制作の「戦友」を見たが、*13「コンバット」と異なり、回を重ねるうちに内容が次第に暗くなり、子ども心では期待はずれと思った。それは当然で、日本は第二次大戦で敗北し、「コンバット」で負けるドイツと日本が同盟関係にあった。しかし、このことを知るのは、後日である。

歴史認識の観点で言えば「戦友」と「コンバット」を観て比べると認識が深まる。そして、私の記憶に即して言えば、「戦友」では兵士の自決などのシーンをいくつか憶えているが、「コンバット」では再放送でようやく想い出す程度であり、これもまた作品として評価する上で一つの参考になるだろう。

特攻隊の生き残り（通信兵）の父は、そのような戦争番組を見ても何も言わなかった。酔いがまわった時に、ふと「戦争がもう少し長引けば、お前は生まれていなかったんだ」という言葉を幾度か口にし、八月十五日に同じ部隊の者が夜遅く血の付いた軍刀を持って帰ってきたと語ったことが記憶にあるだけだ。父は厳格というより、私にとってむしろ怖いという感じが強く、いきなりビシッと頭を張られたりした（尻を出させられ何度も叩かれるのはしばしば）。ただし、特攻隊の生存者に育てられても、私が戦争好き（好戦的）になったわけではない。「コンバット」の後、友達は「頭上の敵機」の話をしていたが、私は見なかった。むしろ残酷で怖いのは嫌いで、任侠やくざ映画などは見ようとも思わなかった。

また、父は、私の名の「正行」は「まさゆき」だけでなく「まさつら」とも読むと教え、楠

＊13　「テレビドラマデータベース」によれば、キー局はNET、火曜夜八～九時、一九六三年十月一日～六四年三月二四日に放送。監督・演出は関川秀雄、渡辺成男、原作・脚本は川内康範、出演は生井建夫（生井健夫）、高木均、松崎慎二郎、滝島孝二など。解説として「一九四四年頃の中国戦線、明日知れぬ命を暖め合った陸軍歩兵一分隊の勇敢なる戦いの記録を通じて人間群像の愛と哀しみを唄ったドラマ」と書かれている。二〇一〇年八月二日アクセス。

正行の話をした。そして院生時代、碓井正久教授から「山田君。君の名前はまさゆきと読むのか、まさつらと読むのか」と尋ねられたとき、私は「両方です」と答えた。これも呼称と主体に関わることである。

中学、高校、浪人

中学生の頃から「ハタヤ」が少なくなってきたことを感じた。それまで近所から織機の音が聞こえていたが、次第になくなり、人影も少なくなっていった。産業構造の変化で繊維産業が衰退し、それが桐生に影響したと理解するのは後日である。

東中学校で、学級の委員として生徒会関係の会議に出ていた。放課後、冬には暗くなるまで話しあい、最後は「若者たち」を合唱して閉会となった。何を話したか全く忘れたが、担当教師は話しあいによる合意形成という民主主義の教育を実践していたのだろう。それに気づいたのは、セツルや青年サークルなどで「若者たち」を何度か歌ってからであった。

社会への関心や意識が現われ始めると、テレビのニュースで政争を報道している時に、父が時々「狐と狸の化かし合いだ」と言っていることに気づいた。これは私に聞かせるためではなく、思わず口にする独り言だったが、繰り返し聞くうちに政治への批判精神の萌芽が形成されたと言える。

高校受験を前にした一九六九年一月、全共闘系学生と機動隊による東大安田講堂の攻防と「落城」では、テレビに釘付けになったが、それでも質実剛健を校風とする桐生高校に合格した。一年生の一九七〇年十一月二五日、三島由紀夫が憲法改定や自衛隊決起を呼びかけた後に割腹自殺をした事件（楯の会事件）が、リアルタイムで校内で話題になり、その日に当番だったクラス日誌に所感を書いた記憶がある。三島の文学から憲法改定の意味まで理解が不足していたが、割腹自殺という実践から、漠然と現状に問題意識を持たなければならないのではと感じるようになった。

その後、日本近代史を研究する中で、二・二六事件の結末を知る日本の軍隊が民間人の呼びかけで決起することなどないと考えるようになった。これとは別に、三島や六〇年安保の樺美智子の死から関心を逸らそうとする傾向が日本には根強くあり、これは日本人の画一主義や体制順応と相関していると考えている。樺と三島の死は、尾崎秀実、戸坂潤、三木清たちの死とともに、もっと認識されるべきである。

受験勉強では、桐生外語学院の下山進平先生にお世話になった。朝日新聞の天声人語を幾度か英訳し、添削していただいたことなどの学恩は忘れられない。大学受験を前にした七二年、連合赤軍事件、特にあさま山荘事件でまたテレビに釘付けになった（大学受験に失敗したが、この影響ではなく、勉強不足）。社会主義について少し知り始めていたが、「赤軍」の中での内ゲバやリンチに恐ろしさを感じた。

再挑戦で、東京の駿台予備校に通った。その中で受験英語で著名な鈴木長十講師と伊藤和夫講師の授業を受けた。いずれも人気が高かったが、教え方や話し方に違いがあった。鈴木は上から見下して説教するようで、伊藤は論理的な解説であった。鈴木はテキストに書いてあることを、説教や自慢話や皮肉などを交えて話すだけで、どうして人気があるのか分からなかった。しかし、心理学を学ぶことにより、鈴木を指向・嗜好する受講生は、上から見下して教え込むという態度や口ぶりに共感し、今は受験に失敗した敗者として見上げながら授業を受けるが、いつか受験に成功してエリートコースに乗り、出世したら彼と同じように人を見下したいという心性があったためであると考えるようになった。大杉栄が「奴隷に卑屈があれば、主人に傲慢がある」と述べたとおりであった。[*14] また、鈴木の皮肉は、受験に失敗した浪人の受講生にとっては、サディスティク／マゾヒスティクな刺激になっていた。当時は皮肉を言われても人気が高いことが不思議だったが、サディズムとマゾヒズムの心理的機制を学び、それが鈴木の授業にもあったと認識するようになった。このような意味で、彼の授業は、エリート志向が強いが失敗して傷ついた予備校生にとって、倒錯的だが願望充足やストレス発散に効果的であったと言える。

もちろん、このような講師の批評に気を取られては成績があがらず、何よりも受験勉強に専念しなければならない。こうして、一年間、船橋の寮と予備校を往復して受験学力を向上させ、東京大学文科三類に合格した。羽仁は「一高へ入ってみると、同級生の考え方がぼくと違うのに驚いた」と述べており、[*15] 私も同じように感じた。私は東大においてマージナル（周辺的、境界的）であった。

＊14　ユネスコ編『語録・人間の権利』平凡社、一九七〇年、三八一頁。

＊15　前掲『自伝的戦後史』四一頁。

第一章

一九七三年を中心に

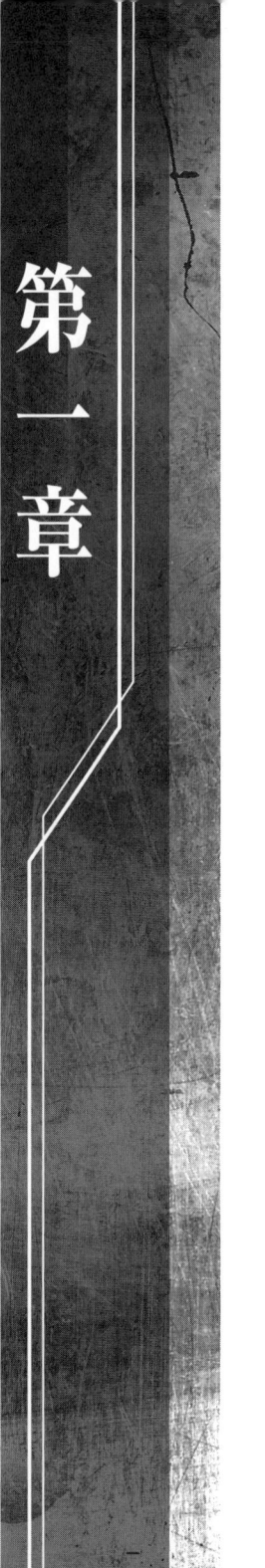

一、地域

亀有セツルメント

セツルメントは一九世紀にイギリスで始められた社会事業である。片山潜は、一八九七（明治三〇）年に警醒社から刊行された『英国今日之社会』の第三章「龍動（ロンドン）」で「ユニバーシチーセツルメントの起源」である「トインビーホール」の「ベリアル館（ハウス）」に「滞留」し、その精神や活動を紹介している。*1 また、彼は「チャーレス、キングスレーはケンブリッジ大学出身の有名なる文学者なるが社会問題特に貧民問題に付て畫悴せり大学普及校（ユニベルシテーエッキステンショウ《ママ》）は其五六年後に起りにき」と述べている。*2 そして、この一八九七年に、片山は東京神田三崎町の自宅を改築して「キングスレー館」を設立し、キリスト教的社会事業とともに労働者教育を始めた。これはその後の労働学校の先駆と言える。また、ジェーン・アダムズはトインビー・ホールに学び、一八八九年に米国シカゴでハル・ハウスを建て、セツルメントを始めた（一九三一年ノーベル平和賞受賞）。このようにセツルメントには、貧困問題、社会事業、労働問題、労働者教育、ボランティア活動、学生運動、大学開放、公平で平和な社会建設などが集約されている。さらに、都市と農村の違いはあるが、ロシアのナロードニキ運動や中国の知識青年（知青）の上山下郷運動、下放などにも通じる。

そして、私は亀有の学生セツルメントに加入した。これは戦前の帝大セツルメントを継承し、戦後再建された亀有セツルメントの中の学生の活動である（他にセツルメント診療所を中心にした活動があった）。

*1 『片山潜著作集』第一巻、河出書房新社、一九五九年、一四四頁以降。

*2 同前、一四五頁。

ドブチュー（一）　セツル加入の契機

私がセツルに加入した契機は「ドブチュー」[*3]であった。彼と私は高校の同窓で、彼は現役合格、私は一年浪人だった。入学後、私は一年先輩になった彼と駒場寮で会い、セツルについて知った。

私はクラブ活動として、中学では軟式テニス、高校では剣道、ハンドボールに励んだが、運動神経や運動能力はこれ以上望めないと感じていた。また、漠然と大学では身体の運動ではなく、社会の運動に関わりたいと考えた。これは具体的なものではなく、社会の動きを知りながら自分が動くという感じであった。他方、前年の「連合赤軍事件」や「あさま山荘事件」についてマスメディアが伝える「過激派」、「暴力学生」のイメージは思春期の私に強く影響し、警戒心を抱いていた。この事件現場は桐生に近かったため、それだけ一層効果があったと言える。それでも、好奇心や関心は強く、まず試しのつもりでセツルについて見学することにした。

長い間、私がセツルをするようになったきっかけはと聞かれると、冗談半分でチラシを配っていた女学生がかわいかったからと答えてきた。しかし、正確に言えば、主要にはドブチューであり、その前にチラシを配っていた女学生がいて、その後でウランとなる。ドブチューの紹介でドラやトンキラと会い、彼らの案内で「ハウス」に行き、そこで「高校生パート」[*4]のウランに会ったと記憶している。

そして、しばらくしてから、「あっ、あの時にチラシを配っていたあのひとではなかったか?」と思った。しかし、今となっては、これは確認できず、私が無関係な記憶を繋いでいるだけかもしれない。精神分析的に言えば、セツルと彼女を結びつけようとする願望により、実際には違うが、無意識的に雨上がりの駒場キャンパスでチラシを配っていた赤いレインコート

＊3　「ドブチュー」は私が子どもの頃にNHKが放送した「チロリン村とくるみの木」に登場するキャラクターと記憶している。その確認のため、NHKに問い合わせたところ、二〇一〇年八月二七日のメールで『『チロリン村とくるみの木』についてですが、当時を知る者がすでにNHKには一人もいないため、残念ながら確かなところはわかりません。ただ、『NHK連続人形劇のすべて（発行・アスキー、発売・エンターブレイン）』という書籍によりますと、ねずみの『ドブチュウ』ではなく、ねずみの『タコチュウ』というキャラクターが登場していたことになっています。本には、『チロリン村の草むらに住むギャングで、いつも悪事をはたらき村を混乱に陥れる』と書かれています。タコチュウという可能性がないかと思いまして、ご連絡させていただきました」という説明を得た。ネットでも「タコチュウ」とされている。しかし、ねずみが「タコ」というのはおかしく、また「ギャングで、いつも悪事をはたらき村を混乱に陥れる」という性格（これは記憶に一致）か

姿の女学生とウランを同一人物と見なすようになったと考えることができる。なお、私は群馬県出身の田舎者で、鈍くさくて鈍感で、彼女の名誉のために付言するが、セツルとは別に交際したことはない。

また、冗談半分に紛らわせて上記のように説明してきたのは、ドブチューがいなくなったからである。かれは一つのセクトに属していて、セツルは不十分だと語っていた。

高校生パート

高校生パートに属するようになったのは、まだ新入生のセツラーがいなく、また私の希望が固まっていなかったからである。そのため「どうだろうか」と勧められ、顔を見せることになった。ドブチューは青年労働者のサークルの「どじょっこ」で、ドラは同様のサークル「歯車」だった。高校生も青年も週一回、土曜日に集まって交流し、話しあっていた。行事としては夏のキャンプやクリスマス会（高校生）、忘年会（青年）などがあった。手作りの歌集があり、時々使って歌っていた（スケタロウによると青年の歌声サークル「カナリア」は一九七二年まで）。しかし、活動は沈滞傾向にあり、どれも集まりが悪かった。さらに、途中からドブチューがいなくなり、ドラが「どじょっこ」と「歯車」を受け持ったが、それでも投げ出さずに努力するドラを、私は見習おうとした。

高校生パートに出た最初の日、私立高校でサッカー部に所属している二年生のHr君が現れた。彼はコーラを瓶で飲んでいて、私に「飲むかい？」と差しだした。私は突然で遠慮し、また口を付けるのも気になり（自分だけでなく、相手に対しても）、消極的な態度をとってしまった。彼は「ああ、いらないの」という感じですぐに引っ込め、ウランや他の高校生とおしゃべ

ら、このキャラクターはねずみの中でも汚いドブねずみの方が合っており、「ドブチュー」の可能性も捨てきれない。なお、現在では「ドブチュー」ではなく「タコチュウ」が広く伝えられている状況は、「ドブチュー」が地下に潜行したことと重なりあい（三五頁で後述）、とても言葉に表しきれない思いにさせる。

＊4　「ハウス」は、セツルメント診療所の看護婦寮であった二階建て住宅を学生セツルメントの拠点として使っていたときの呼称。また学生セツルメントは、小学生パート、中学生パート、高校生パート、青年サークルなど各「パート」に別れて活動していた。

りを始めた。私はすぐに「まずかった」と思ったが、手遅れだった。「兄弟の杯」を交わす程ではないだろうが、彼は同じ瓶でコーラを飲むかどうかで、私を判断したのだろう。私はその一瞬を逃さず、すぐに「ありがとう」と一口飲み、「これからよろしく」と挨拶すべきだった。

これが下町に育ったHr君が生まれながらに習得した方法で、私は不合格となった。もちろん、それは決定的ではなく、次第に親しくなっていったが、回復は難しかった。この経験は貴重で、私がセツルから学んだ中でも重要なものに位置づけられる。その後、ピエール・ブルデュの「実践感覚」を知り、この体験はその一例だと捉えた。

パートの会合が終わった後で、駅前に行き喫茶店でおしゃべりをするのが通例だった。それは会議の後の懇親会のようなもので、Hr君はいつもホット・コーラを注文していた。私は熱くして気の抜けたコーラを飲むなんてと驚いたが、メニューにある飲み物で、他にも注文する者がいた。

セツルに行き始めて数回目のとき、Hr君は使ったおしぼりで靴を拭いた。周囲は「何てことを!」という顔つきになったが、彼は「悪いかい?」と居直るようだった。新米の私は言うことを控えたが、内心で「こういう者を変えなければならないのか。これは大変だ」と考えていた。

喫茶店にはOBと呼ばれる、高校生パートを「卒業」し、就職・進学していた青年も加わった。同じセツルなので、OBは「どじょっこ」や「歯車」に入ればいいと思うが、判断基準が活動よりも人間関係(仲がいい)にあり、セツルのためになどと考えてはいなかった。私の知る限り、話題になったことさえなかった。

セツルメント診療所の永山素男理事長は、二〇一〇年五月一五日に「しばらく前に、診療所の近くでタクシーに乗ったら、運転手が『セツルメントの方ですか。私は高校生のときにいろいろと教えられてお世話になったんですよ』と言った」と語った。しかし、私の関わる時期は、そのような高校生はいなかった。とりとめなくおしゃべりするだけで漫然と時間が過ぎたり、昔は活発だったと懐かしむような話しあいが繰り返された。社会や生き方について語りあうどころか、授業の補習や受験勉強に取り組むこともなかった。

そして、話しあいの後、喫茶店でOBが以前の活発な様子を語ると、今の停滞は私の力量不足のためかと落ち込んだ。それでも、ウランとともに先輩のセツラーで教師となっていたEnさんに会い、助言を求めた。話を聞き、自分はまだ未熟で、さらに経験を積めば変えられると思ったが、実践は難しかった。セツラーだけでなく、高校では生徒会役員で、生徒総会の司会をする高校生もいたが、やはりどうしていいか分からないようだった。

夏休みになり、キャンプに行った。バンガローに泊まり、炊事は自分たちでした。私は気づかなかったが、高校生たちの間で恋愛感情が交叉し、なかなかうまく行かず、キャンプでMiちゃん（高二女子）が泣き出すこともあった。しかし、私のような鈍感なタイプは全くなす術がなく、ウランがなだめていた。自分のことでさえうまくできないのに、人の力になれるはずなどなかった。

ウラン

ウランには少しずつ惹かれたが、私は田舎者で、都会の彼女から見れば魅力はなかったろう。しかし、冷たく対応されたと感じることもなかった。パート会の後、おしゃべりすることができ、彼女は太宰治が好きだと言ったが、私は太宰は嫌いで（文学だけでなく、心中で女性を死なせ自分が生き延びたことなど）、話を合わせられなかった。そんな私だったが、淡い思いを感じて応えるつもりだったか、一度ジャズ喫茶に誘われた。しかし、折角のチャンスなのに何を話していいか分からなかった。正直に言えば、うるさい音楽だとしか感じられなかった。また、成人式の和服姿（振り袖だったろう）の写真を見せてもらったが、セツルとのギャップを感じて当惑し、やはり何を話していいか分からなかった。要領よく気持ちを切り替えることなど、私にはできなかった。

彼女は高校は都立の進学校だったが、一年浪人して短大に入学した。従って、二年次で卒業になるが、近づくにつれて大学に来ていないと他のセツラーから聞いた。そして、高校生パートにも来なくなった。

セツルに関しては、その前から次第に離れようとするのが感じられ、私はそれはおかしいのではと問いかけていた。「あなたが後輩の私に言っていたことに反しているのではないか」という内容だった。当時は気づかなかったが、これはかなりきついことだったろう。これが、卒業して社会人になることに伴うアイデンティティ・クライシスに加重され、大学へも、セツルへも不適応となったと考えてしまう。

ある時、突然、高パートの話しあいに、洒落たバイクに乗った青年といっしょに来た。私も、高校生も驚いた。髪型やファッションも変わっていた。まさに、セツルの実践にとっても、淡い想いにおいてもショックで、いわばダブル・パンチだった。その後、パートの話しあいに来たときに問いかけたが、「私はこうなのよ」と応えられ、さらに打ちのめされ、下宿に帰らず、ハウスに行って、一人で習いたてのギターを鳴らしながら、二、三時間ほど歌って寝た。翌日には何とか立ち直っていた。

その後、やはりウランは大学に来なく、これでは卒業できないと聞き、それにまだ心残りもあり、自宅を訪問した。春先の庭に母がいて、休日で父もいて、彼（Mr氏）と話した。Mr氏は「あの子は母と同じようで、こうなのだ」と言った。諦めている様子だった。彼は六大学出身で、セツルについて理解しているようだったが、初対面の私には肯定も否定もしなかった。小一時間ほど話して、「セツラーたちも心配してます、何かお役に立ちたいです」などと伝え、辞去した。

母は髪を長く垂らして、中年には似つかわしくなかった。話し方は弱々しく、当時の私でも病的な感じを受けた。*5 そのような母に、帰りがけに再び庭であった。彼女と会ったのはいずれも庭でだったが、彼女が庭仕事をしているようには見えず、ただ春の日ざしの下で立ちつくしているだけだった。そして「どうもありがとうございました。おじゃましました」と挨拶すると、彼女はふと「あの子は、小さい頃におじさんに会ったと、泣きじゃくりながら帰ってきて、どうしたの、どうしたのと聞いても、泣きやまなかったんですよ」と語った。

その後、私はフロイトやエリクソンを学び、ウランは母の不適応的な性格を受け継ぎ、さらに幼少時に「おじさん」から傷つけられ（セクハラなどが考えられる）、性格にトラウマが加重され、不適応になったのではと推論した。進学校の彼女が一年浪人して家の近くの短大に通っていたことも、そのためかと考えた。そして、これを母が口にしたのは、病的であると同時に敏感な母が、前記のような関連を察知して、帰ろうとする私に伝えようとしたと推論することができる。母は、これ以外にまとまった言葉は口にしなかった。最初に庭で会った時、私が挨拶すると、か細い声で「あぁ、はい」と言っただけで、すぐ家に入り、しばらくするとMr氏が出てきて招き入れ、私たちの話に母は加わらなかった。そして、辞去するとき、また庭

＊5 『社会教育・生涯学習研究所年報』第六号（二〇一〇年）所収「亀有学生セツルメントの自己分析」では「病的」としか説明し得なかったが（一二七頁）、さらに詳しく述べれば、エリクソンのいうアイデンティティの混乱（confusion）でも拡散（diffusion）でもなく、萎縮や立ち枯れの状態にある、もしくは居場所がないという印象を受けた。後日、『今昔物語』や『雨月物語』を読んだとき、これを想起し、彼女やウランを理解するためには、一九七四年春の東京ではなく、そのような世界に立脚しなければならなかったと感じた。さらに、村上春樹の『ノルウェイの森』を読んだとき、この文学的世界は確かに現実性（reality, actuality）に立脚していると思った。

で母に会い、前述の発言をしたのであった。それは彼女が最も伝えたかったメッセージで、娘（ウラン）が最も訴えたかったことを母が代弁したと捉えることができる。だからこそ、か細い声にもかかわらず、私の記憶に刻に込むほどの力があったのである。そして現在、彼女たちのこの思念を受けとめ、記録し、伝えることが、託された私の責務だと自覚している。

しかし、当時は何も気づかず、何と答えていいのかも分からず、ただ頭を下げ、向きを変え、門を出た。そして、その後も何の進展もなく、自分の無力さを感じ続けただけだった。セツルを通して自分を変え、地域を変えようと考えるようになったが、すぐさま、地域どころか、一人の人間さえ助けられないことに直面した。

なお、当初は気づかなかったが、この経験は、私が心理の奥深い暗部、病理、狂気などを考える契機（モメント）となり、フロイト、エリクソン、エリッヒ・フロム、アルチュセール、フーコーたちを研究するにつれて、次第にその重さを考えるようになった。

二、学園

『失われた時を求めて』

セツルに入る前後にいくつかのサークルを見学したが、興味は湧かなかった。また第二外国語（フランス語）の授業に基づくクラスのコンパやハイキング（江ノ島）に参加したり、授業の合間のおしゃべりに加わったこともあるが、同様だった。私は入試の点数は高くないと自覚し（もしかしたらボーダーライン）、しかも一年浪人したから、他の学生は優れているのだろうと思ったが、話してみるとそれ程でもないと感じた。『失われた時を求めて』など、タイトルしか知らない長篇小説を中学か高校の時に読了したことを聞いて、大したものだと感心したが、もっと内容や感想を知りたいと尋ねても、話はそれ以上進まなかった。これは彼女が知ったかぶりをしていたというのではない。その様子は控えめで、ただ黙ったままだった。授業態度から聡明で勤勉であることは明らかで、確かに少女なりにプルーストの世界を味わったのだろう。しかし、私のように読んだことのない者に、その文学世界を説明するには、十分に消化して分かりやすい平易な表現で奥深い意味を伝えるだけの力量が必要で、当然、一年次の学生には無理だった。

それでも、分からないのはいけないと、『失われた時を求めて』を読もうとした。「花咲く乙女たちのかげに」などのタイトルに惹かれたり、ふと紅茶に浸してやわらかくなったマドレーヌを口にして昔の想い出が展開するという描写が良いのは分かる。私にとって、自分が破棄した文書が現れたことから、当時が想い出され、記憶の断片に繋がりができ、さらにこのように取り組むことになったのは、同じようなものだろう。大北論文（前掲）との出会いや、五六歳という老年期に向かう発達段階などの条件において、再び現れた文書が当時の記憶を呼び覚ます効果を発揮したと自己分析できる。

しかし、紅茶づけのマドレーヌとセツルの文書では、世界がかけ離れている。そもそも、プルーストの文学世界と私が生まれ育った現実世界の差は大きかった。むしろ「人間は、自分で自分の歴史をつくる。しかし、人間は、自由自在に、自分でかってに選んだ事情のもとで歴史をつくるのではなくて、あるがままの、与えられた、過去からうけついだ事情のもとでつくるのである。あらゆる死んだ世代の伝統が、生きている人間の頭のうえに悪魔のようにのしか

＊6 マルクス／村田陽一訳

かっている」という文章に惹かれた。[*6] つまり「失われた時」は「死んだ世代」であり、それを「求め」たりせず、「伝統」として「悪魔のようにのしかかって」くることに立ち向かい、新たな時＝歴史を創り出すことに魅力を感じた。セツルに向かったのは、そのためである。

そして、同級生との会話で一、二度セツルのことを話題にしたが、ルソーについて『社会契約論』を「コントラ・ソシアル」とフランス語を交えて語る同級生でも関心を示さなかった。私はルソーには『人間不平等起源論』（読んだばかり）もあると言いたかったが、「コントラ・ソシアル」にはかなわないと、やはり控えめに黙っていた。

他方、セツラーとの対話では違った。学生が学ぶことはどうなのか、この社会をどう見たらいいのかなど語ることができた。一九五〇年代に北町セツル（世田谷区下馬）と亀有セツルで活動していた島田修一氏は「セツルに入るということは、同好会に入るのと違って自分の生き方の選択だった」と述べている（二〇一〇年六月一六日、筆者宛メール。当時の活動の一端は加賀乙彦「雲の都―第一部　広場―」新潮社、二〇〇二年に書かれている）。その精神が一九七三年にも継承されていた。

「理論信仰」と「実践信仰」

大学のクラス担任は加藤晴久助教授（当時）だった。しばらくして、都内出身の同級生が「あの先生は……」と思わせぶりに言ったので、「何だ？」と聞くと、それ以上は話さなかった。文脈から政治や思想に関わることが感じられたが、彼の意図が分かったのは、大学院でアルチュセールやブルデュを読み始めてからだった。翻訳や編著で加藤晴久という名前に再会した。[*7] 当時このことが分かったら、もっと積極的に教示を得たのだがと悔やまれる。他方、思

『ルイ・ボナパルトのブリュメール一八日』『マルクス＝エンゲルス全集』第八巻、大月書店、一九六二年、一〇七頁。MEGAでは一八五二年の初版が採録されているが、大月書店版では、一八六九年の第二版が底本とされている。

＊7　エチエンヌ・バリバール／加藤晴久訳『プロレタリア独

わせぶりに言った同級生の方はそれ以上は何も発言しなかった。おそらく伝聞を口にしただけだったろう。知識を持っていることを見せるが、深く立ち入らないという態度を、その後、私は御用学者とその卵から何度も経験することになる。

クラスでは大体このような状況だったが、新潟出身の同級生が自治会活動を始めた。訥々と同級生に訴えるが、学生運動が勢いを失う状況下で説得力はなく、ほとんど反応はなかった。私は二年次になったとき彼と共に新入生ガイダンスをするなど少しは交流があったものの、学生運動や自治会活動は苦手で、それ以上はなかった。これは先述した「連合赤軍事件」の影響と言うより、性格的なものと分析している。だからこそキャンパスよりセツルを指向したと言える。

日高六郎は「『理論』信仰も『実感』信仰も、ともに精神的生産の堕落し硬直した形だと思うけれども、どちらにかけるかと言えば、むしろ実感のない理論よりも、理論のない実感にかけたいほどの気分でいる」と述べている。[*8] 大学院に進んでから読んだこの箇所は、私が学生運動が苦手でセツルに向かった理由に近いと感じた。そして、何度も議論していた「理論信仰」や「実感信仰」の捉え方に、ようやく一定の結論を得ることができた。即ち、両者の統合が重要だという考えに至っていたが、その上で敢えて選ぶとすれば「実感のない理論よりも、理論のない実感にかけたいほどの気分でいる」ということである。これは一一四頁で述べるマルクスとウェーバーの関連にも通じる。

ドブチュー（二）　卵が先か、鶏が先か

私はセツルの活動に伴い駒場寮に出入りするようになり、ある時、ドブチューと議論した。彼は私にセツルを勧めたが、その彼がセツルは社会を変えるには不十分であると言った。これ

裁とはなにか』新評論、一九七八年。ルイ・アルチュセール／加藤晴久訳『共産党のなかでこれ以上続いてはならないこと』新評論、一九七九年。加藤晴久編『ピエール・ブルデュー――超領域の人間学』藤原書店、一九九〇年など。

＊8　日高六郎「生活記録運動―その二、三の問題点―」『生活綴方と現代教育・文化』講座生活綴方第五巻、百合出版、一九六三年、二九七頁。

＊9　マルクス主義でいうルン

に対して、私はセツルに時々現れる「グラッチェ」[*9]を変えられなくて、社会を変えられるのかと問いかけた。彼はそういう意味ではないと応えた。革命により社会が変わればグラッチェも変わると言いたかったのだろうが、そう言えば、卵が先か、鶏が先かのような水掛け論になったと思う。

それからしばらくしてドブチューの姿が見えなくなった。その後、駒場寮に行くと、彼が正門前でヘルメットをかぶり、ハンドマイクで訴えていたが、演説はうまくなく、あれで大丈夫だろうかなどとセツラーが心配そうに話していた。[*10]私も彼が口べたなことは知っており、同感した。それ以来、彼の消息は全くなく、地下に潜行したのではと思われるようになった（二〇一〇年八月二四日、桐生高校同窓会名簿に基づき電話番号を知り、彼の実家に電話したら、母が出て、父に代わり、父は老いた声で彼の電話が年に一、二回あるだけだと語った）。

永山素男は「過激な学生はセツルメントに入らない。入っても出ていく」と語ったが（前記、五月十五日の発言）、それがドブチューにも当てはまる。セツルのような地道な実践では「革命」に結びつくとは考えられないからである。

とはいえ、前記のように私たちは議論したが、私はグラッチェを変えられないままセツルを「卒業」し、またドブチューの目指した「革命」もまだ達成されていない。現在、私は卵が先か、鶏が先かの水掛け論ではなく、無限に続く弁証法として議論しようと考えるが、彼とは議論できない。

ただし、私はドブチューが現実から遊離していたとは、当時も今も思っていない。高校時代、彼はNs村から通学し、家では家族がいる部屋の片隅でリンゴ箱を机にして勉強していたと言われていた。高校では、寡黙で目立たず、ただ成績が抜群だということで一目置かれていた。彼が一つのセクトを選択したことは、現実に立ち論理的に思考を進めた結果であると考える。

ペン・プロレタリアート。セツルでは「青年」とされていたが、年齢は過ぎていた。コメディアンのケーシー高峰が「グラッチェ」を流行させ、彼はそれをまねて「グラッチェ」を多用していたので、こう呼ばれた。

＊10　一九七一年入学（ドブチューの一年先輩）の「ハタ坊」によれば、セツラーはみな止めろと言った（二〇一〇年八月三一日、大阪市内の彼の法律事務所にて聞き取り）。「ハタ坊」は赤塚不二夫の漫画『おそ松くん』のキャラクター。

彼は理系で、たばこと健康について論文を書いていた。授業のレポートではなく、自分で調べたことをまとめたもので、ノートではなく、論文になっていた。具体的に化学や生理学などの実験結果を取りあげて、たばこの有害性を論証していた。専門的なところは分からなかったが、文系の私が読んでも理解できるように分かりやすく、説得力があると思った。だからこそ、周囲で話題になっていたのだろう。そして、だいぶ後になり、マスメディアがたばこの有害性をしぶしぶ取りあげるようになると、私は彼の論文で読んだ内容をいくつも想い出した。

これらを考えると、彼が東大よりもセクトを選んだことについて、一概に批判できないのである。駒場寮で体制批判を口にしながら、本郷キャンパスの専門課程に進むとおとなしくなって単位取得に励み、エリート・コースに進むという小狡さは、彼にはなかった。前記の父との電話で、父は「道をはずれてしまって…」と言ったが、私はたばこ論文のことを説明し、「そのくらいの彼がよく考えた上での判断ですから、そんな風にいうことはないです」と応えた。

駒場祭と駒場寮

駒場祭に亀有セツルはどのように取り組むかと、駒場寮の人権研で話しあった（人権研については六六頁で後述）。前年は何々をしたので今年はどうするのかというのではなく、前提なしに自由に話しあっていたと記憶している（「ハタ坊」は、前年に亀有セツルは駒場祭で特にしていなかったのではないかと言った。二〇一〇年七月二九日、電話での聞き取り）。

そして、話しあいの結果、活動の展示とホットケーキの出店をすることになった。ただし、セツルが出店をすることに抵抗感が出され、「アクエリアス・ホワット？の会」という名称で出店を開き、その売り上げをハウスの会計に組み入れたように記憶している。ホットケーキの材料は、セツラーが知人を介してある企業の社員と交渉し、商品の箱を見えるようにという条件で、無料で提供してもらった。

何故「アクエリアス・ホワット?」なのかと言うと、「ロッパ」というセツラーが、ヒットソングのフレーズに「アクエリアス」があり、あれは何だという雑談から思いついて提案した。私も分からなかったし、他のセツラーも同じだったが、亀有セツルの名前でなければ何でもいいというので決まった(後日、水瓶座だと知り、さらにその後、スポーツ系飲料で頻繁に耳にするようになった)。

このようにしてセツルへの関わりが深くなるにつれて駒場寮への出入りが増え、翌年の四月から入寮することになった。

下北沢の「マリリン」

駒場寮に出入りするようになった理由は、セツルだけでなく、若干だが下宿の環境もあった。大学の紹介で下北沢の下宿に決めたが、それは六畳、四畳半、台所、風呂の一戸建て平屋で、私と富山出身で理科一類のTk君の二人で生活していた。そして、一戸建ての割に家賃は安く、好条件の下宿だった(当時の下北沢はありふれた住宅地)。

私たちの大家は他にアパートを持っていて、敷地には自宅と私たちの暮らす平屋の他にアパートもあった。そして、アパートにも学生がいたが、大家は私たちにいろいろと親切で、やはり東大生は違うなどと、私たちの心をくすぐることを言った。

私たちには、大家の妻が対応していた。しばらくして、彼女は都立高校二年の娘の話をするようになった。そして「娘は高校でマリリンなんて呼ばれているんですよ。あら素敵と思ったら、胸が大きいのでマリリン・モンローのマリリンなんですって。オホホ」などと言うようになった。そう言われると、庭先ですれ違う娘の胸は確かに大きめだった。

そして、夏休みが過ぎ、しばらくすると娘がＴｋ君の部屋（六畳）にしばしば訪れるようになった。他方、私の所は一度も来なかった。私は彼女に魅力を感じなかったが、どうも差を付けられるようでおもしろくなかった。しかし、私は文系で一浪だが、Ｔｋ君は理系の現役合格で、私よりもスマートだったので、彼女の判断は当然と受け入れた。それでも、夜に一戸建ての隣の部屋で娘の笑い声が聞こえると、どうしても気持ちが乱され、これでは駒場寮の方がいいと考えるようになった。

その後、Ｔｋ君とマリリンがどのようになったのか分からないが、専門課程に進み、本郷キャンパスで彼と会ったとき、彼がとても浮かない顔つきをしていたので、どうしたのか聞くと、「……あの娘が……」と口を濁した。胸は大きいが、他に魅力は感じられないマリリンと深みにはまり、自分の人生を決められてしまったのを後悔しているようだった。しかし、それがまた大家一家の目的だったのだろう。他方、私は女難を逃れることができた。

このように察したのは、駒場寮で、ある東大生がつき合っている女子大生の家に招待され、酒を飲まされて、「もう遅いから泊まっていってください」と言われるままに布団に入ると、後から娘が入ってきて、もはや逃れられなくなったという話を聞いていたからだった。それは父親黙認の下で進められた母と娘の共謀だった。

その後、Ｔｋ君とは会っていない。彼は下北に歩いていけるところで不動産を活用した資産家になっているだろうか。私は彼が満足していることを願うとともに、負け惜しみではなく、自分がそうならなくて良かったと思っている。

第二章

一九七四年を中心に

一、地域

アソシエーション・考察（一）

私は二年次になり、新入生を迎える立場になった。亀有セツル新歓用のガリ版刷り冊子「亀有セツルメント1974」では各パートのセツラーによる「私とセツル」が収録されており、私は高校生パートの立場で書いた。三〇年以上を経て読み返すと、恥じ入ることばかりで、その結びは「自己変革と社会変革、理論と実践、これらを同時に、相互に行ってこそ、自分も、そのまわりも発展するものだと思っている」である。『共産党宣言』の二「プロレタリアと共産主義者」の結び「階級と階級対立を伴う古いブルジョワ社会に代わり、各人の自由な発展が万人の自由な発展の条件となる一つの協同社会（Assoziation. association）が現れる」と似ている。私はこれを読んだ後で「セツルと私」を書いたのか、それとも前だったか、記憶は不確かであるが、たとえ読む前だとしても、周囲に『共産党宣言』を読んだセツラーがいたことは確かである。そして、これを自分の生き方にしようと考えた。

これは時代の思潮における大きな潮流の一つでもあった。波多野完治は、一九七二年刊『生涯教育論』の本論第一章の書き出しで「ラングランによると、人間の一生は『挑戦』の連続である。『決戦』といってもよい。夫を選ぶ。妻をめとる。いずれも人生における一種の決戦である。職業を決めるのは学校を出るもの、必ず経なければならぬ決断である」と述べていた。[*1] 宮原誠一は、一九七四年刊の編著『生涯学習』（東洋経済新報社）で「国民教育を創造していくことは、なによりもまず、みずから労働し、労働する者の苦悩と希望をとおして真理をもと

＊1　波多野完治『生涯教育論』小学館、一九七二年、一四頁。

める勤労大衆の力によらなくては達成されない」と記していた。[*2] この二冊が刊行された間の一九七三年に、私は大学に入学し、セツルに加わったのである。いずれも私が読むのは後日だが、これらが刊行された時代の影響はある。実際、社会情勢を見れば、国労・動労は公共企業体労働者のスト権奪還を求め、七三年に「順法闘争」を開始し、七五年には「スト権スト」を実行した。

さらに、私が受けとった新歓用冊子『亀有セツルメント・1973．4』（ガリ版刷り）では「俺たちは、子どもたち、働く若者、おじさんおばさんたちの苦しい自分たちとの斗いを感じる中で、怒りをもって『自分との斗い』に挑戦するのだ」と書かれており、これは確かに読んでおり、その影響は直接的であった。即ち、「挑戦」、「決戦」、闘争などは、当時の思潮で大きな位置を占めており、その直接間接の影響を私は受けていた。これは、宮原のいう「形成」の働きである。

そして、私は実践を通して学び、一年を経て「自己変革と社会変革、理論と実践、これらを同時に、相互に行ってこそ、自分も、そのまわりも発展するものだと思っている」（先述）と書くようになったのである。しかし「言うは易く、行うは難し」（前出）であった。

高校生と学生のギャップ

新入生の「オッチャン」、「チーズ」、「オレンジ」たちが高パートに加わった。[*3] 合宿で泣き出すような甘えん坊のＭｉちゃんは、ウランがいなくなったが、チーズが現れて、うれしそうに早速なついていた。

私は、一年が過ぎて次第に高校生にとってセツルや高校生パートがどのような性格を持って

＊2　引用は『宮原誠一教育論集』第二巻、国土社、一九七七年、一二九頁。

＊3　オッチャンは雰囲気から、チーズは「笑顔でハイ、チーズ」から、オレンジは愛媛出身から。私はオレンジと当人（男）は合っていないと思ったが、本人はとても気に入っていた。

いるのか考えるようになった。一部のＯＢの発言から、かつて、高校生にも学生運動が影響を及ぼしていた時期では、学生と共に高校生も状況に対して共に取り組み、変革しようという「共闘」があったと推測された。しかし、先述したように、これは既になくなり、おしゃべりの仲良しサークルになっていた。

これを改善しようと、中学生パートと高校生パートの繋がりを作り出し、新鮮な刺激を与えようとした。これは、中パートと高パートのセツラーが話しあい、合同でクリスマス会や新年度の歓迎会などを行えばできそうだった。ただし、仲良しグループの集まりになっており、当の高校生が消極的だった。それでもなおセツラーが進めようとすれば、彼（女）たちが来なくなるという雰囲気になった。

前年（七三年）の後半から、高二男子のＨｂ君が高パートに来るようになった。しかし、なかなかなじめなかった。私は彼と話し、その内容は、前からいる高校生よりもしっかりしていると思った。そして、翌七四年の夏の房総海岸での合宿にＨｂ君も参加したが、そこでも溶け込めなかった。この間、彼は私とよく話をして、下北沢の下宿に泊まりに来たこともあった。しかし、青年運動や教育文化運動には興味はなく、卒業が近くになるにつれて来なくなった。私も、その時期は葛飾に力を傾注していたので、Ｈｂ君のことまで気を回すことができなくなっていた。

高校生は以上のようであったが、学生の方では、現実を知り、また状況を変革しようと意識して参加していた者もいた。小中学生のパートでは子供が好きだからというセツラーもいたが、高校生パートでは違った。雑談のような話しあいなら、わざわざ高校生を相手にセツルまで足を運ぶことなどせず、気の合う学生同士でした方が気軽で楽しい。

このようにして、高校生と学生の間でギャップができていた。そのため、かつて高校生が大学の学園祭に来て、セツラーは困難な状況にある人たちのために実践しているという文脈で自分たちのことが紹介されているのを見て、驚き、抗議したということを聞いた。それは亀有ではなく他のセツルのことであり、高校生の誤解か、展示に問題があったかまでは分からなかった。それでも、亀有の高校生を参考にすると、誤解の可能性は十分にあると思われた。既に、学生と高校生が共に地域の現状を変えようという「共闘」の精神はなく、また先人の努力で地域生活も改善され、高校生は自分が困難な状況にあるなどと見られたくないと感じていた。そして、このような高校生が漠然とセツルは仲良くおしゃべりするために集まっていると思っていたが、学生は違う見方をしていたと知るならば、当然、驚き、違和感を覚える。さらに、これが自分は困難な状況にあると見下され、憐れまれているという思いまで至れば、憤慨して抗議する。

もちろん、高校生は当事者＝主体であり、その受けとめ方は十分に尊重されなければならない。その上で、受けとめ方の内容について、次に検討する。

以前は進学率がもっと低く、その中で高校に進学できた者は、やはり進学できなかった者よりも困難ではなかったはずである。それでもセツラーと「共闘」し、自分のいる困難な地域を変革しようとしていた。また、私たちが実践していた時期でも、地域には生活保護の受給者がいるなど困難な状況もあり、これを見過ごすべきではない。

これらから、変わったのは高校生の受けとめ方であることが分かる。「三無主義」の広がりの中で、他者や地域への関心が薄れ、自己中心的にしか考えない傾向が強まった。もちろん、それは高校生だけの問題ではなく、私も含めて学生にも見られたが、より若い高校生においてさらに強まったと言える。

他方、学生の方はパート会議や合宿などで議論し、さらに各パートの「連絡会議」、各地の学生セツルメント連合、全国学生セツルメント連合などの組織もあった。その中には、先述したように子供が好きだからという学生もいたが、サラ金の暴力的な取り立てを相談された法律相談部（法相）の学生で、当事者の家に泊まり込んで守ろうとするセツラーもいた。スケタロウやダルマは「学生であることは罪で、自己否定し、それで大学に行かず、セツルのハウスで泊まり込んでいたのもいた」などと発言した（二〇一〇年五月十五日、恵比寿にて）。これは、「大学解体」を叫んだが、その後しっかりと卒業し、就職した者などとは全く対照的であった。

もちろん、この実践が適切であったか否かは議論すべきである。しかし、少なくともその熱意や志は理解しなければならない。さらに、次に述べるように、学生がこのように迫られる要因が地域にもあったことを考慮する必要がある。

「コンドーさん」

「ハウス」に置かれていた文献から「コンドーさん」という言葉を知り、今でも憶えている。この意味は、セツラーが週末だけ地域に来て、実践するが、それだけで問題は改善・解決できず、帰るとき「また今度」と言い、これを毎週繰り返すので、地域の人たちはセツラーを「コンドーさん」と称したという。これが亀有セツルの場合か、他かまでは記憶していないが、これを読んだとき、私はとても考えさせられた。

この「コンドーさん」は言葉で表現されたもので、学歴への嫉妬や怨嗟、弱いので助けられていることへの反発などのコンプレックスも含め表現されない見方や要求はもっと広く、重く存在していたと言える。つまり「コンドーさん」は氷山の一角である。そして、これを感じない、感じてもそこまでできない、さらに割り切って週末だけ来ればいいなどのセツラーもいたが、そうではなく真摯に受けとめたセツラーもいた。だからこそ、サラ金の取り立てに来るやくざに対して、当事者の家に泊まり込んで対応までするのである。私は法相ではなく、そこまでしなかったが、もっと地域への関わりを強めなければならないと思い、下宿から駒場寮に引っ越し、夏休みは「ハウス」で生活するようになった。この過程で、セツル以外の高校生や青年労働者との交流が少しずつ広がった。

Ｋｎ君との出会い

セツルの外に活動が広がる契機は、一人の男子高校生との出会いだった。ウランが足を遠のかせ始めた頃、高三のＫｎ君が現れた。私は初めてだったが、他の高校生たちは知っていて、久しぶりの参加だった（後で聞くとウランも知っていた）。話しあいが終わってから雑談すると、その内容はしっかりとして、他の高校生と水準が違っていた。それで、是非これからも来てほしいと願うと、彼は「セツルなんてつまらない。自分はもっとやらなければならないことがある」などと答えた。私は落胆したが、同時に「もっとやらなければならないこと」について知りたくなり、彼との交流をセツルとは別に始めた。

その時、Ｋｎ君は高校を卒業して公務員として就職することが決まっていた。そして、どういう事情か分からないが、公共施設の二階の一室に暮らし始めていた。私も学生だから身軽で、深く考えずに時々泊まりに行って、いろいろと話し込んだ。そして、彼の取り組む地域青年運動について少しずつ知り、参加するようになった。

ある集会では、驚いたことに、甘えん坊のＭｉちゃんの姉がいて、彼女は妹と全く違ってとても活発で積極的だった。その集会には姉妹について知っている人が何人もいて、私がこの印象を言うと、みな同じだった。似たように、しっかりした兄とおとなしい弟の組み合わせもあり、世代間の断絶が現れていた。

この一九七〇年代前半は、六〇年代に高揚した青年学生運動が衰退し始める初期であり、この姉妹や兄弟の違いは、偶然や性格だけではなく、変化する時代の反映によるものでもあった。時代は闘いから、闘って得たものを享受するという方向に転じ始めていた。「闘い」の時代は過ぎ、後進には先人が闘って得た「益」を受けるという受動的な受益者が増えるようになった。その中で、親は高度経済成長の富の一部を得て、暮らしに余裕ができ、ようやく子どもをかわいがれるようになった。七〇年代半ばからは「一億総中流」という言葉が広く使われるようになった。前記の妹や弟は、そのような時代の転換期に現れた世代である。

このような時代に、私はＫｎ君を通して葛飾の地域青年運動や教育文化活動に参加するようになった。同時に、次第に一年次のセツラーが積極的に活動し始めたので、私は活動の重点を葛飾に移せるようになっていた。ただし、後述（七七頁）するように秋の駒場祭では駒場セツルメント連合として活動していた。従って、高パートは一年生に任せ始め、その一方で、他のセツルとの連携や共同に関わりつつ、地域青年運動や教育文化運動でも活動し始めたと言える。そのため、秋以降の高パートの実践について記憶はほとんどなく、はっきりしない。

新日和見主義批判の考察（一）　青年サークルの消滅

ドラ所蔵の資料「同じ喜びと悲しみの中で―一九七四年度夏合宿討論資料―」によれば、前出の「カナリア」とともに青年サークルの「ピノキオ」も一九七二年に「消滅」し、さらに法相も「消滅」した（七四年に復活）。また「歯車」や「どじょっこ」は実体がほとんどない状態だった。そのため、高校生は高パートを「卒業」しても、青年部に行かず、OBとして高校生パートに時々来るという状況であった。因果関係は確かめられないが、一九七二年の「新日和見主義批判」[*4]と時期は合致する。

ハタ坊は、亀有セツルの学生には民青（民主青年同盟）は多くなく、ノンポリだが、まじめで熱心に取り組むのが多かったと語った。[*5]このようなサークルで地域の民青の青年が活動することは不審に思われやすい（後述する分派との関連）。他方、後述するが、セツル以外に青年のサークル活動はまだいくつかあった。従って、この時期的な一致は軽視できない。

なお、ハタ坊は「新日和見主義批判」を後で知り、セツルの時は聞かなかったと言った。彼はセツルの中心にいて、駒場寮で生活していたのであり、彼が聞かなかったことから、セツラー＝学生の方では「新日和見主義批判」の影響はなく、たとえあったとしても小さかったと言える。

グラッチェ（一）ラーメン・ライス

青年サークルと「新日和見主義批判」の関連があるか否かに関わらず、セツルで〝社会に自覚的に関わろう。サークルを活発にしよう〟という青年に、私は出会ったことがなかった。その代わり、時々、住所も職業も本名もよく分からないグラッチェ（前出）とは幾度も会った。私が最も話した回数が多い「青年」は彼だった。彼は「どじょっこ、どうしたんだよー。歯車、何とかしようよ」などと言っていたが、それ以上は進まなかった。

＊4　川上徹『査問』ちくま文庫、二〇〇一年参照。

＊5　八月三一日、大阪市内の彼の法律事務所での聞き取り。具体的には食事を生活保護のおばちゃんと同じようにして、一食が五〇円以上になるのはプチブル的と考えるなどである。ハタ坊は、まじめだが「東大のエリート意識の裏返し」、「カウンター・エリート意識」があったと語った。

グラッチェは「青年」としてふるまっていたが、実際の年齢はよく分からなかった。タバコを吸うとき、すぼめた口や細めた目の端にできる皺は多くて、深く、年相応の哀愁を漂わせているように感じた。それが渋い熟年の魅力になればいいのだが、全くそう見えなかった。むしろ、ボサボサの髪で、背中を丸め、裸足で膝を抱えるようにして一服している姿は侘びしく、安易に近寄りがたいものであった。

グラッチェは天地真理と八代亜紀のファンで、歌謡曲（特に演歌）の話の他は、ほとんど無駄話しかできなかった。そんな彼は「ナカラ」あるいは「ナッカラ」を口癖にしていた。例えば、酒の話では「ありゃあナカラ、うめぇ」、何か調子がいいときは「こりゃあ、ナッカラ行けるぞ」などと言った。これは、〝かなり〟、〝非常に〟、〝とっても〟というような強調の意味を持つ群馬の方言で、彼は群馬出身だったのかもしれない。そう感じたのは私も群馬出身で、「ナカラ」や「ナッカラ」の意味を理解できたからである。しかし、私と彼が同郷であるということを知られるのは気が引けたので、敢えて口にはしなかった。

私が「ハウス」で生活していた夏休みのある日、グラッチェは昼前にふらりと現れ、「腹がへった」と言った。私も起きてから何も食べていなかったので、「これから作ろう」と言うと、「外で食べよう」と言う。「お前、金を持っているのか」と聞くと、案の定、素寒貧だった。それでも、話の流れで外に出た。「どこで食べようか」と聞くと、「あそこがいい」と近くの小さな大衆食堂に案内した。中に入って、カウンターに座るやいなや、「ラーメン・ライス」を注文した。それがいいのかと聞くと、「ナッカラ、うめぇんだ」と嬉しそうだった。私は野菜炒め定食を頼んだと記憶している。

「ラーメン・ライス」とは、文字通りラーメンとライスで、小さなカウンター越しに見ると、市販の即席ラーメンを袋から出して作るだけだった。そして、ライスは大きめのお椀に米飯を盛っただけだった。「これならおれだってハウスで作れるし、その方が安いぞ」と言っても、グラッチェは聞く耳を持たず、食べることに集中していた。

後で他のセツラーに聞くと、やはり「ラーメン・ライス」をおごらされたことがあるという。これがグラッチェにとって、ご馳走の一つのようで、時々「ラーメン・ライスが食べてえなあ。ラーメン・ライスを食おうよ」などと口にしていると教えられた。また、あの食堂のラーメンは確かに即席ラーメンだとも聞いた。

グラッチェ（二）　やくざの影

日ざしが弱々しくなり、冬の訪れを感じる頃、私はハウスで泊まることにして、本を読んでいると、グラッチェは友達を連れてきた。彼は盛り場で流しをしているという。さすがにギターが抜群にうまく、「ハウス」にあったギターで演歌を何曲も演奏して、帰っていった。どこで習ったのかと聞くと、一人で練習したと言った。才能があるのだろう。ただし、二人の話しぶりから、彼らはアウトサイダーというより、アウトローに近いと感じ、困ったものだと思った。

さらに日ざしが弱くなった頃、セツラーのＮｇ君とハウスにいると、グラッチェがまっ青になってハウスに来た（Ｎｇ君のセツルネームを記憶しているが、この内容から控える）。彼は指をつめなければならないと言う。私たちは驚いて、「どうして、どうして？！」と聞いたが、彼は首を振りながら、「いっしょにいてくれ。一人じゃどうしてもできない」と言う。「そんなことできない」と言っても、「できなきゃ、おれはおしまいなんだ。おれのためだと思って、いっしょにいてくれ」と繰り返した。仕方がないので、言うとおりにした。するとグラッチェは「包丁を貸してくれ」と言う。私たちは顔を見合わせ、台所からまな板と包丁を取りだした。後でセツラーが使うので、まな板の上に新聞紙を重ねて置いた。

古くて薄暗いハウスの中が、さらに暗くなったようだった。ウッという声がして、やり遂げた。グラッチェは必死に痛さをこらえていたが、涙が出ていた。切り離された部分を大切にティッシュペーパーに包み、「ありがと、ありがと。大丈夫、これで大丈夫」とつぶやいていた。私たちはグラッチェにハンカチを渡した。まな板は汚れていなかったが、丁寧に何度も洗い流し、包丁は新聞紙に包んでゴミ袋に入れた（いくつもあったので、一本なくなっても誰も気づかなかった）。

グラッチェはハンカチで小指を押さえていた。私たちは「病院に行こう」と言ったが、彼は「金がない。保険にも入ってない」と答えた。私たちは財布を調べ、合計で五千円ほどあったので、「何とか大丈夫だ。ともかく行こう」ということになった。

しかし、その日は休日で、どこに行けばいいか分からなかった。誰が言い出したかは記憶にないが、亀有駅近くの病院は大きいから開いているだろうと、三人で行った。セツルメント診療所には引け目があったため、私も、Ｎｇ君も言い出さなかった。今から考えれば、こういうことがいけなかったと悔やまれる。

治療が終わり、私たちは医師に呼ばれた。「君たちは家族じゃないだろう」と聞かれたので、「学生です」と答えた。不満そうだったが「細かく砕かれた骨が残っていて、それを取り除いて縫った。熱が出るだろうから、その薬も出しておく。こういうのは警察に届けるべきだろうが……」と言われた。指をつめたための傷ということを分かっていたのだろう（医師は「警察」

とまで明言しなかったかもしれないが、そうであっても、彼の表情や口調から私たちはそれを察した）。その時、私たちは初めてこれはそういう性格のものなのだと気づき、このことの重大さを思い知らされた。しかし、何も説明できず、ただ「ありがとうございます」とお礼を言うしかなかった。医師は不満そうだったが、それ以上は何も言わず、診察室に戻った。そして、治療費は何とか間にあい、私たちは会計を済ませて病院を出て、グラッチェと別れた。

その後、グラッチェは姿を見せなくなった。おそらく「しま」から出入りを禁じられたのであろう。故郷に帰って、まっとうな暮らしに戻れたらいいなと感じた。

しかし、私は自分の判断が正しかったか繰り返し反省した。彼を匿えたか、警察に通報したらよかったか等々。しかし、ハウスに匿うことなどできなかった。また通報してもグラッチェのことなど見向きもされなかったろう。おそらく、その日のうちに彼はつめた指を出して見せなければならなかっただろう。ぐずぐずしていたら、捕まえられて、どうなったか分からない。グラッチェの怯えようは尋常ではなかった。こうして仕方なかったのだという結論に落ちつく。それでも、これは自分に都合がいいように考えたからだろうかと改めて考え直す。これを何度も繰り返し、次第に自分を納得させていった。

そして、今ここに文字で書きあらわした。他者が読めば、私が気づかなかったこと、無意識に避けたことが分かるかもしれない。それを指摘されることを恐れるが、もう三〇年以上経過したことで、それに耐えられるだろう。

ハウス管理問題

先述した私の診療所への引け目は、セツラーと診療所の間に距離が広がっていたためと言える。ドラがファイルにまとめた資料では一九七二年のハウス移転が契機とされているが、それだけではない。ハタ坊は、亀有セツルでは民青よりもノンポリだが熱心なセツラーが多く（民青にも全共闘にも批判的）、診療所から不審に思われたのではないかと述べた（前出八月三一日の聞き取り）。そして、ハタ坊は夏休みに一人でハウスに寝泊まりして診療所と交渉し、信頼を得たという（他はみな意見は出すが夏休みには帰省）。

このハタ坊の見方を診療所の永山にメールで伝えたところ、彼女は「診療所職員は単純だったと思います（日々の生活が大事）」と述べた（九月四日のメール）。ハタ坊がセツラーに「東大のエリート意識の裏返し」があったと述べているように、熱心だが現実から遊離していたところがあり、それがハウス管理問題では大きかったと言わざるを得ない。これは五四頁で述べる「甘え」にも通じる。

そして、二年後輩の私自身について言えば、やはりハウス管理の問題に関わり、所長に会い、さらにその報告を書いていた（その時は民青に加入していた）。しかし、それを全く忘れていた。ドラが保存していた「診療所と話して」というB４ガリ版刷りの文献を見て、この事を確認させられても、記憶はほとんど呼び起こされない。「ブク」の名前があるので、そう言えば私が鉄筆で原紙に書いて、駒場寮人権研（六六頁で後述）でガリ版印刷したような気がするという程度である。

この「診療所と話して」によれば、私は五月一六日夜、七時から八時に所長に会い、診療所の「主張」として、①土地契約は二〇年間延長となったが、ハウス管理では地域の理解が必要である、②法律相談について「約二〇年余も続いたのに、過去の人達を全く無視し、ぼくたちの短期間の実践の間に、それに、地域の人達の意向を全く無視してやめてしまっていいのか」、

③「栄養部」については栄養士がいるから栄養短大のセツラーといっしょにできる、④ハウスが移転した後のハウス小パートの遊び場や集会場について、仮設住宅でも「理解ある家庭」があるから対応できる、と言われたことを紹介していた。そして「おわりに、診療所といろいろ話すことは、大切なことだし、ぼくたちの実践にも絶対つながるものだと思うのです。だから、みんな、いろいろ考えて下さい。ぼく自身、いろいろおもしろかったし、学べました。では、これでさようなら。みんな、やったろうぜ！」と結んでいる。

呼びかけるだけではだめで、実践しなければならないと自覚したためだろう、私は夏休みにハウスで生活するようになった。ただしセツルの活動は広がらないので、実質的にはハウスで寝起きして葛飾の青年運動や教育文化運動に参加した。こうして、重点がセツルから葛飾に移っていったため、所長と会ったことや報告を書いたことはすっかり忘れてしまったと考えられる。そして、この忘却を手がかりに自己分析すると、Ｋｎ君と同様に、セツルよりも意義があると思う葛飾の青年運動、教育文化運動に向かったため、ハウス管理の問題が後景に退き、記憶から薄れたと考えられる。換言すれば、自分の関心や意欲を違う場に向けて、ハウス管理の問題を人任せにしてしまったのである。無責任で「甘え」ていたと言わざるを得ない（関心や意欲の転換は六三頁で後述する「急展開」による）。

さらに、自分の責任を軽減することには十分に注意しながら、他のセツラーについて見ると、私の呼びかけが応えられた記憶はない。文献でも残っていない。何故、応えられなかったのかということについて、やはり他のセツラーも人任せであったのだろう。この点で、夏休みだからいなくなるということがない、地域に根ざした診療所とハウスは離すべきではなかったと考える。まさに「日々の生活が大事」ということの重さを認識しなければならない。

なお、前述のように私はハウス管理に関わったが、管理で重要な「通帳」の存在を全く知らなかった。従って、人任せにしたのは、それだけの責任を求められていなかったためと言うことができる。責任回避ではなく、この問題を考えるために述べると、ハウス管理が学生セツルの基盤に位置づけられ、サークル程度ではなく、責任や使命を自覚したセツラーでなければ担えず、そのため民青のセツラーが担当していたとすれば、私の民青の所属（籍）は地区委員会で、大学ではないため（一一六頁などで後述）、民青のセツラーは私が民青であることを知らず、従って「通帳」を知らせるまで評価していなかったと推論できる。ただし、このように述べるのは批判やひがみのためではない。ハウス管理の社会的責任や継続性（セツラーは数年で離れるがハウスは存続）を考えれば、個々のセツラーの自覚だけでなく、組織的な保障も重要であり、それを民青が担っていたと推測できる。しかし、この民青まで衰えて担いきれなくなる可能性もあり、やはりハウスと診療所の繋がりの重要性が再確認されるのである。そして実際に、一九八七年には学生セツルの終息により、ハウスは診療所が引き取ることになった。

『甘え』の構造」・考察（二）

私が一年次の時に、二年次のセツラーが診療所の所長を「スターリニスト」と呼んでいたのを聞いたことがある。これについて、五月十五日、恵比寿（前述）でスケタロウやオミソたちに尋ねたところ、「きちんと管理するように、うるさく学生に言うから」、「冗談半分」と答えられたが、見方を変えれば、やはりもう一方の半分には本音もあったと考えられる。それはハタ坊のいう民青にも全共闘にも批判的ということに通じる。「スターリニスト」と言ったセツラーは、トロツキストでもアナーキストでもなく、意見は言うが、相手の意見にも耳を傾けていると、私も感じた。この点をナポレオンに聞くと、彼も「オープン」だったと言った（二〇一〇年七月の電話で）。そのようなタイプでも「冗談半分」で「スターリニスト」と口にする時代だったのであり、その影響を見過ごすべきではない。

ここで時代状況を概観すると、中国はソ連を修正主義と非難し、さらにプロレタリア文化大革命では旧社会＝旧世代の打倒が提唱された（ただし中国でスターリンはマルクス、エンゲルス、毛沢東と並んで評価されているが、ほとんどこの実状は知られていなかった）。また、セツルは全共闘＝ノンセクト・ラディカルと離れていたが、その主張する「大学解体」（大学＝管理の解体）の影響が十分にあったと言える。確かに毛沢東主義者も全共闘もセツルには見あたらなかったが、キャンパスに行けば、そのような立て看やアジ演説は溢れており、その影響は免れない。それが、大学の自治や学問の自由の理念と混ざりあって、管理に反発する傾向をもたらしたと言える。

これを踏まえて、ドラが保存していたハウス管理委員会のニュースを読むと、その文面から、確かに管理は必要だが、我々は実践しているのだから、学生の活動を守るぞという姿勢が読みとれる。そこには、相手の理解を当てにしているところがあり、土居健郎が『「甘え」の構造』と指摘した心性と言える。この点は、意見は出すが夏休みには帰省していなくなるという状況にも現れている。

これに関連し、当時セツルで使われていた「ムスケル」について述べる。これはドイツ語の筋肉に由来し、身体を使う実務を指した。ガリ版印刷のために鉄筆で原紙に書く。できあがった原紙でニュースやチラシを印刷する。それをキャンパスで配布するなどである。「ムスケル」という言葉が使われるとき、学生は勉強が主で、実務はなるべく避けるという雰囲気が感じられた。「ムスケル」で時間がとられるという場合も同様であった。さらに、引き受ける当人も「ムスケルなんて」、「これはムスケルだから」と自ら低めていた。実務よりも、理論を勉強し、また勉強のために実践するのがよいという観念が強かったと言える。ここでは実務と表記しているが、「ムスケル」の文脈では「雑務」が使われていた。

しかし、誰かが実務をしなければ、組織は成立しなかった。このような意味で「ムスケル」の使い方には、実務を「雑務」と軽視し、その上で人任せにする「甘え」の要素があった。それは家の手伝いなどせず、受験勉強に集中して成績を上げれば誉められるという受験生と家族の観念に通じていると言える。当時は高度経済成長に続いて高学歴化が進行して、受験中心の家庭で育った学生が増えていた。

この関連で「スコラ」についても述べる。これは学生運動の理論闘争のための論争という意味で使われていた。これを聞いたとき、私は「スコラって何だ?」と尋ねたら、「スコラ哲学から来たんじゃないか」と答えられた。私の周囲では、このように理解されていたが、私としては頭の良さを競いあうもので、受験競争の延長のように感じていた。

また、学生大会や集会では深夜にまで続くことが頻繁だった。ある時、教室を見回る用務員は労働者だから、労働者のことを思えば深夜まで続けるのはよくないという発言があり、私も賛成した。しかし多数は無視し、相変わらず深夜まで論争していた。言葉では重要性が語られていたが、内実はどうしても感じられなかった。それは、私が地域に視点を向けていたためで、学生の現実を知らなかったためと言えるが、しかし、用務員の労働時間への対応に見られるように、学生の現実は社会の現実から遊離しており、社会の支持など得られないと思っていた。これも学生の「甘え」の例と言える。そして、これらから学生の「甘え」は、それを許容する社会の学歴主義やエリート主義と相関していることがうかがえる。

夢遊（一）　一週間の麻雀中毒

二年次の夏休みに、約一週間、食べて寝る以外はずっと麻雀をしていた記憶がある。今まで、それは突発的一時的に熱中したからだと思っていたが、ハウスで生活したことと組み合わせて考えると、その後のストレスの発散だったと分析できる。[*6] 他のセツラーが亀有に来るようになった夏休みの終わり頃、私は駒場寮に戻り、麻雀仲間に入った。

それまでも麻雀をしたことがあり、その後もあるが、この一週間は特別で、異例である。周囲には、食べて、寝て、アルバイトする他はいつも麻雀をしている寮生が数人いて、ドイツ語の定冠詞の格変化にかけて「der des dem den、さあ出るぞ。die der den die、リーノミだ（リーチのみだ）。das des dem das、白発中（ハクハツチュン）」などと言いあいながらやっていた。数日後、私はいくつか盲パイができるようになった。

しかし、中毒のような異様な熱中はこの時だけだった。そして、改めて自己分析すれば、これは一つのクライシスの局面だったと言える。即ち、実際は、一週間後に麻雀中毒は消え、またセツルや地域青年運動に集中するようになるが、そうにはならず、セツルから離れ続けるようになった可能性も考えられる。ブレザー姿で自治会活動をしていた真面目な通学生が、本郷に進んだ後に麻雀に熱中し、自治会活動も勉学も手に付かなくなったということを聞いた時、このことを思い浮かべ、私はそうならずによかったと思った。

しかし当時は、熱中したのも、それが消えたのも、全く自覚していなかった。まさに無意識の行動で、夢遊病のようである。今から考えれば、帰郷したセツラーが増え、それに影響され、

*6　ストレスに関して、同じように夏休みにハウスで生活していたハタ坊は蕁麻疹になったという（前出八月三一日の聞き取り）。

麻雀から脱却し、セツルに戻ることができたと言える。

なお、この時期までたばこ（主にハイライト）をふかしていたが、その後、次第に少なくなり、葛飾に引っ越してから一、二年後に自然と吸わなくなった。

地域青年運動（一）「歌って、踊って」

Ｋｎ君にスケートに誘われた。葛飾から移動し、板橋あたりのスケートリンクに入り、しばらく滑っていると、貸し切りのようだと感じた。ただし葛飾だけでなく、様々な地域から来ていた。いつの間にか舞台ができて、グループが歌声サークルと同じ歌を唱っていた。そして、最後は○○頑張ろうのようなスローガンを唱和して終わった。よく分からなかったが、おそらく選挙の関係だったろう。

さらに後日、やはり葛飾から移動して、青年の要求実現と政治課題を結びつるという集会に参加した。その時、前のスケートは青年の要求実現の一つであったと気づいた。それまで駒場寮などで「歌って、踊って、民青に」、「歌って、踊って、革命だ」などという揶揄を聞いており、この時も想起した。確かに、その要素があるが、町工場の屋根裏部屋に一人で住み込み、友人もいなく働いている青年にはスケートも、歌も重要な要求実現だと思った。

その後、Ｍｊさん（六四頁で後述）に、このことを尋ねると、〝人民大衆の要求を実現するのは大切だが、あくまでも第一歩であり、その質を高めることが重要な課題で、だから子ども劇場が求められるのよ。逆に、歌や踊りを揶揄するのは、見方が狭いわね。誰だって、歌や踊りが好きでしょう。学生が「歌って、踊って」なんて揶揄するのは、受験勉強で頭が固くなっている証拠よ。変なエリート意識があるからだわ。むしろ、歌や踊りへの要求を尊重して、さらに、それに止まらずに政治に結びつけなければならない。確かにそれは単純ではなく、矛盾があるわ。しかし、そこに弁証法を認識し、それを発展へと導くことが重要で、まさに我々の力量が問われるのよ〟というように答えた。私は明快だと感心した。

地域青年運動（二）　高校生対策部

その後、亀有公園近くの集会場で開かれた集まりに誘われた。やはり歌や踊りの要求実現が主のような印象を受けたが、終了後に民青の話になった。そして、Ｋｎ君がためらいながら「山田君もいっしょにやってもらいたいんだ」と言った。当時、私は自分なりにマルクスやエンゲルスを読んでいたが、民青についてはほとんど知らなかった。キャンパスの立て看でその名称は常に目にしており、昼休みに学生会館近くでいつもマイクで演説している学生が民青だということは聞いていたが、他には何も知らなかった。

私は正直に「民青について何も知らない。そんなのでいいのか」と尋ねると、彼も、そばにいたＮｂ君も「いっしょにやりながら知ればいいよ」と答えたので、「アアその程度でいいのか」と思い、「それじゃあいっしょにやろう」と言って、書類に署名した。それまでＫｎ君とのつきあいがあり、彼が言うのならと信頼した結果であった。彼らはうれしそうで、私もうれしくなった。

そして、私は民青の葛飾地区委員会に所属した（東大の学生班ではなかった）。私の知る限り、活動していたのは労働者が大半で、学生は私一人だった。このような私を扱いかねていたのか、しばらく音沙汰がなかった。私も先述したような気持ちだったので、のんびり待っていたら、高校生の同盟員の相談役のような役割を与えられた（「高校生対策部（略称は高対部）」

と呼んでいた)。セツルで「高パート」だったので、その延長で受けとめた。

高対部には他に大卒者の部長や公立中学女性教師の部員がいた。この部長が卒業後に何をしていたのか知らず、しばらくしたら、彼は民青都委員会に勤めるようになった。

彼は前任者からの引き継ぎのために、私を前任者のアパートに連れて行った。連絡ができないため、直接訪れたのだった。しかし、彼は不在だった。

前から高校生たちの活動の場としての役割があったためだろう、部長は鍵を持っていて、ドアを開けて中に入った。私は変わった印象は持たなかったが、部長は女子高生の手紙や写真やプレゼントなどを見つけ、チッと舌打ちした。活動を利用して女子高生と何人もつき合っていたらしく、それを再確認させられたのだった。これ以外に引き継ぎらしいことはなかった。私は前任者と一度も会わなかった。そして、高校生で活動を続けるのは生徒会役員をしている女子高生のMtさん一人だけになった。高対部員が三人で高校生が一人という、まるで教授、助手の講座に学生が一人のような状況だった。

Mtさんは「トコ」と呼ばれ、明るく積極的だった。彼女を中心に何とか活動を立て直そうとしたが、困難だった。部長から『民青新聞』の読者や同盟員の「拡大」を繰り返し指示されたが、どうしていいか見当がつかなかった。「拡大」は、この部長だけでなく、他でも同じで、何につけ「拡大」が強調されていた。

Mtさんは地区委員会の副委員長[*7]に憧れていて、その悩みを聞くことがあったが、セツルと同様、やはりどう答えていいか分からなかった。彼女から「私は子供を産めないの」と言われたとき、「愛があればそれは問題にならない」と答えたが、言いながらこれでは全く薄っぺらだと自覚していた。しかし、それ以上は言葉が見つからなかった。このままではだめだと思い、

＊7　ペンネームは「タカスギ」。弟は地区常任委員で、後に委員長。兄弟で「Ｏｒ大」、「Ｏｒ小」と呼ばれていた。私はセツルで高パートＯＢの一人が「Ｓａ小」と呼ばれていたのだ

高パートのチーズに助けを求めた。二人がどのように話したか、私には分からない。

その後、Mtさんは「私とチーズさんと山田君の生まれた誕生日は同じよ」とうれしそうに言った。「そんなことないだろ。ぼくは大学二年で、チーズは一年。君は高校二年だ」と言うと、「違うの。三人とも（年も月も違うが）三〇日の同じ日に生まれたのよ」と説明した。子どもっぽいことで喜ぶなあと思ったが、チーズはうまく対応したと感じて私もうれしかった。そして、Mtさんは持ち前の明るさで地道に活動を続け、卒業後は近くの大企業に就職していった。「大企業で活動がどれだけできるか不安だわ」と言っていたが、高校生でそれを分かっていただけでも高く評価できる。

ところで、Mtさんの相談相手にとして、高対部には女性教師のOhさんがいたが、私は彼女ではなくチーズを頼った。それは、もう一人の地区副委員長のMrさんから彼女に関して憤懣を訴えられたからである。まさに謹厳実直の労働者という彼が、耐えかねたように「Ohさんとの縁談が進み、結納まですませたのに、土壇場で破談となった。これはおかしいと調べたら、あの高対部長とできていた。お前、何か知らないか」と尋ねた。私は鈍感なので全く気づかず、「そんなことは初めて聞いた」と答えた。おそらく表情にも驚きが現れたのだろう、彼はもう聞かなかった。彼と別れた後で考えたら、夜に高対部の会合が終わると、いつも私だけ先に帰宅し、二人が残っていた。私は新米で、二人は他にも重要な打ち合わせがあるのだろうと思っていたが、それだけではなかったようだ。しかし、このことを引き返して伝える気にはなれなかった。真正直のMr副委員長をさらに傷つけることは、私でも分かった。そして、高対部の会合は開かれないまま、新年度になってしばらくしたら、Ohさんは教師を辞めて、実家に帰ったことを耳にした。

を想い出し、以前には年長の「Sa大」もいたのだろうと考えた。

「拡大」と「革命委員会」

その間に、都委員会の「高対部」の会議に招集された。地区高対部長から都委員会に移った彼も同席していた。都の高対部長が「拡大」の意義を繰り返し訴えた（著名な評論家と同姓同名だったが、その評論家は共産党とは距離が大きい人物であり、ペンネームの可能性は低い）。そして最後に、君たちは〝日本革命の暁には地区革命委員会の幹部になるべき者たちだろう〟と、意味深長な顔つきや語調で結んだ。それ以上は言わなかったが〝だから奮闘して「拡大」しろ。革命が達成されたら地位は約束される。偉くなるのだ〟という意味を、集まった者は分かったと思う。

私は「へえ、革命後は偉くなるのか」と思うと同時に、「人民の民主主義で、しかも議会主義なのだから、革命後は人民の意志がそのまま反映する公正な選挙がなされ、革命委員会もその選挙に従うのだろうに」とも感じたが、何も言わずにいた。そんなことは言える雰囲気ではなかった。

その後、前掲『査問』八〇頁で、査問官諏訪茂が「お前、新保という人間をナ、党内はもちろんのこと、社会的にも抹殺してヤル。断固糾弾していくんだぜ」、「お前、子どもがいるナ。民主連合政府になってナ、親父は反党反革命分子だということになったら、子どもはどうなるんだ。子どもの将来のことも考えろよ」という箇所を読み、このことを想起した。即ち、「民主連合政府」、「日本革命」により、一方で「革命委員会」の幹部が権力を掌握し、他方で「反党反革命分子」が摘発されるという構図である。そして、ソ連や中国などでは、実際にこのようになった。ただし、このように考えられるようになったのは、『査問』を読んだ後である。

当時は、一方で「拡大」、他方でこのような現状ということで、Ｋｎ君に「こんなつもりで民青に入ったのではないよ」と訴えたかったが、年下の彼に愚痴をこぼしてはならないと抑制した。「拡大」については、勉強し始めた社会学の中の組織論、人間関係論、コミュニケーション論を科学的社会主義に取り入れて、活用するようなもので、これも発展の一過程なのだと思うように努めた。それでも、企業の営業活動ではないかという受けとめ方はどうしても払拭できなかった。

急展開

Ｍｔさんは夏休みが過ぎた頃、自分が卒業したら民青の高校生が一人もいなくなることをとても気にしていた。そして、同じ高校で生徒会役員をしている一年生のＳｋ君は見込みがありそうだと言ったが、民青について話しづらいという感じだった。「明るくてしっかり者のＭｔさんでも苦手なのがいて、しかも後輩なのに」と思ったが、ともあれ紹介してくれないかと頼んだ。

そして、会ってみると、確かに気軽に話せるタイプではなかった。しかし、拒否するのでもなく、Ｋｎ君のようにしっかりしていた。そして、話が進んで民青のことを持ち出すと、もう十分に知っていた。「おや、知ってるんだ」と言うと、「そうさ。家は共産党だから」と答えた。こっちは慌てて、「まだそこまで行かなくていいんだ。とりあえず民青の話をしよう」と言うと、少し馬鹿にしたような顔つきになった。私はＭｔさんが苦手なのがはっきりと分かった。

エトムント・フッサールの相互主体性のとおり、私がＳｋ君の反応を探りながら話を進めていたときに、Ｓｋ君もその過程で私を品定めしていた。そして、彼が評価したからだろう、「山田君、家に来ないか。おもしろいよ」と誘ってくれた。そして、彼の家を訪ねることにした。確かに、おもしろく、私の人生も活動も急展開した。それは、先述のような体験を補って余りあるものであった（この評価は今も変わっていなく、私の思想や実践の原点の一つとなっている）。

魔女、あるいは細胞

Ｓｋ君の家を訪れると、母がいた。私のことはＳｋ君から聞いていて、挨拶もそこそこに、地域教育文化運動や少年団活動について話し始めた。とても表現豊かで説得力があった。次第に話が発展し、学童保育、子ども劇場、ＰＴＡ、学力向上を総合的に推進する学習塾など次々に打ち出し、これらを通して地域を変革しようと論じた。その中で何度も「どぶ川学級」[*8]について語った。「どぶ川学級」は、同席した夫（Ｓｋ君の父）も大いに評価していた。私は〝これはセツルよりもすごいことができるぞ〟と感じた[*9]。

ただし、彼女の弁舌はいつものことで、後日「魔女に乗せられるな」などと冗談半分で注意されたりした。しかし、それを聞いても、私は退く気にはならなかった。それは教育や文化を通して地域社会を草の根から変革しようとする実践で、社会教育に関心を向けつつあった私は、〝そこから得るものは大きいのではないか〟と期待した。そして実際、得るものは大きかった。

「魔女」という愛称について、彼女の薫陶を受け始めたとき、ベルリオーズの「幻想交響曲」やロマン・ロランの『魅せられたる魂』を教えられ、その芸術的世界に通じる資質も感じた。現在、それは人を引きつけるデモーニッシュ的な力、ニーチェのいうディオニュソス的な資質

＊8　須長茂夫の体験記『どぶ川学級』三部作（一九六九年、七三年、七五年、労働旬報社）。これは映画化もされた。

＊9　私も以前から『どぶ川学級』を読み、大いに感銘を受け、駒場の新入生ガイダンスの後に、少し見込みがありそうな新入生に勧めた記憶がある。なお、その中の一人は関心を向けたが、しばらくしたら「クラ活（七四頁参照）」で活動するようになってしまった。

であろうと考えている。ただし、「魔女」という愛称をそのまま使うと誤解を招く可能性があるので、ここでは彼女をＭｊさんと呼ぶ。

Ｍｊさんは、東京大学に入学し、学生運動で除籍され、その後、一橋大学に入学し、学生運動でまた除籍され、東京外大に入学し、またまた除籍され、結局地域で共産党の活動や教育文化運動に専心することになったという。その間、北海道の炭坑地区出身で、中学卒業後ほとんど着の身着のままで東京に出てきて働いてきた労働者と結婚し、彼女の両親と四人の息子と一緒に暮らしていた。私がまず出逢ったＳｋ君は長男で、四男は小学生だった。Ｍｊさんが地域教育文化運動に取り組んだ理由には、息子たちが小学生、中学生、高校生とそろっていたことが大きかったと思われる。

ただし、彼女はそんなことはまったく言及せず、国際関係や国内情勢の分析から課題を導き出し、その課題達成に地域の少年団活動や教育文化運動の発展がどれだけ大きな役割を果たすのか、一つひとつ筋道を立てて論じた。それは大学の講義よりも遥かに生き生きとして、まさに大学よりも学べると実感した。

Ｍｊさんは公然と「あたしは党員だからね」と表明し、「意義と任務の桁なんかでやりたくないね」と言い放ちながら、生き生きとした「細胞」のようにあちこちで活動していた。そこに出入りしている人たちも同様であった。レッドパージで気象庁を追われ、生活と健康を守る会で活動していた「老ボリシェヴィキ」、駅前の小さな店で花、観葉植物、盆栽などを販売しながら、黙々と活動していた三〇代くらいの独立自営業者たちが印象に残っている。また、Ｍｊさんの夫は、以前は労働運動、政治運動、民主商工会（民商）などで奮闘したが、私が出会ったときは一線から退いいていた。毎日『赤旗』を読み、議論し、時々「トッキュー（徳田球一の愛称)」などと口にしていた。初めは意味が分からず、酒が好きなので、特級酒の「トッキュー」と誤解していた。

Mｊさん夫妻は毎晩飲みながらおしゃべりを始め、アルコールが体内を回るにつれ、おしゃべりが議論になり、情勢の分析、実践の課題、それに対する立場に等々、様々に論争が展開した。しばしば激論になり、実存を賭けた熾烈な思想闘争のようだった。こうなれば、誰も口出しできず、「老ボリシェビキ」たちがそばにいてもお構いなしだった。私も時々意見を求められ、それなりに考えることを言ったが、青二才の発言だったろう。そして、ここから時代は異なるが「党生活者」(小林多喜二)の雰囲気を感じた。それは治安維持法の弾圧から解放された「党生活者」は、このようになるのではないかというものだった。これは、地域でも学園でも、他の党員たちからは感じられないものだった。

今でも記憶しているが、手帳をなくしたとき、私は単に困ったなという程度だったが、周りはいつもより厳しかった。若造だからと寛容だったふだんとは違っていた。私の手帳の内容など大したことはなかったが、「党生活者」として見逃せなかったのだろう。

二、学園

駒場寮人権研

セツルメントの活動部屋が駒場寮にあるため、次第に寮に出入りするようになった。そして、先述したように、セツルにもっと力を入れようと、私自身がその活動部屋に暮らすようにした。

この活動部屋は「人権研」というサークルとして割り当てられたいた。当時の駒場寮では、部屋はサークル単位で割り振られ、入寮者はそのサークルに所属するという方式だった。私の前はドラやドブチューがおり、既述したようにドブチューはいなくなり、ドラは本郷の専門課程（工学部）に進むので駒場寮を出なければならなかった（現在は大学教員）。そして、四月から私とナポレオンと、他のセツルの「ゴリ」の三人で生活するようになった。壁の上方には「造反有理」と赤く太く書かれており、かつて毛沢東主義者が生活していたことがうかがえた。

なお、ナポレオンは法学部に進み、裁判官となった。戦後補償裁判では画期となる判決を出し、さすがだと思った。また、ゴリは文学部に進み、学生運動に転じ、「文学部有志」として自治会活動に関わり、さらに大学当局への実力行使として学部長室に何日も立てこもり続け、最後はたばこの火の不始末か（？）、火事を起こして、そこから出た（出された）。四国出身で、口べただった彼が、あのような行動をするとは意外だったが、その結末を聞き、あいつらしいと感じた。この火事により、建物の下に位置していた生協の商品が水浸しになり、損害金額は莫大だと聞いて、彼の実家の年収では無理だろうが、あいつのことだから何とかするだろうと思った。その後、彼は中国に渡ったと聞いた。さらにその後、中国のトロツキストに関する翻訳書で、彼の名前を見つけた。

人権研の真向かいの部屋は「桑の実」と名乗っていて、民青の活動部屋で、朝から晩まで頻繁に出入りしていて、よくやってるなと敬服しながらも、うるさいものだと感じていた。「桑の実」で実際に生活する者はいなかったが、真向かいの部屋で、私たちは生活していたのである。

もっとも「人権研」も似たところがあり、室内の半分で私たち三人が生活し（標準は八人という）、ついたてで区切った別の半分には会議ができるようにテーブルと椅子を置き、ガリ版印刷の器具などもそろえていた。ある晩、オミソが知りあいの全国一般加盟労組の活動家を連れて来て、緊急にチラシを印刷しなければならないが、労組の印刷機が壊れたので、ここのガリ版器具を使わせてくれと頼んだ。もう寝るところだったので、「ああいいよ」と答えて、私はベッドにもぐり込んだ。彼らは深夜、あるいは朝方まで作業して出ていったと思う。私が起きたときは、もういなかった。

三バカトリオ

一年次から亀有セツルメントで活動していた駒場のセツラーは五人いた。ブクこと私は高校生パート、ナポレオンは綾瀬小パート、そして大谷田小パートの山男（寮生）、大谷田中パートのジロ吉（下宿）、六ツ木パートの大五郎（自宅通学）だった。誰がつけたかは不明だが、五人合わせると「フィンガー・ファイブ（一九七〇年代に活躍した兄弟妹アイドルグループ）」、山男、ナポレオン、ジロ吉、ブクの四人なら「フォー・リーブス（一九六七年デビュー、ジャニーズ所属の男性アイドルグループ）」、そして、ナポレオン、ジロ吉、ブクの三人では「三バカトリオ」と呼ばれた。苦笑しながらも、これに反論する者はいなかった。

チンピラとねずみ男

ゴリは二人の寮生とつきあっていて、彼らは人権研にも時々現れた。彼らはセツルについて時々意見は言うが、何もしなかった。勉強も適当にするだけで、専ら遊ぶことしか考えていないようだった。口べたで不器用なゴリが、どうして彼らのような者とつきあうのか、私には分からなかった。

私はつきあう気になれず、二人の名前さえ知らなかった。忘れたのではなく、覚える気も起きなかった。内心では一人を「チンピラ」、もう一人を「ねずみ男」と呼んでいた。「チンピラ」は、その頃に観た映画で、顔つきや口調がそっくりのチンピラが出ていたからだ。また「ねずみ男」は、フロイトのではなく顔つき（目や口唇）が水木しげるの漫画『ゲゲゲの鬼太郎』に出てくる「ねずみ男」に似ていたからだ。しかし、外見で判断してはいけないと、私は口外しなかった。

ところが、ある日、私が人権研に帰ってきたとき、この二人とゴリが、当時はまだ珍しかったカセットテープを聞いていた（ナポレオンは不在）。ふだんと雰囲気が違うので、どうしたのかと思っていると、聞く前から彼らが説明した。ねずみ男がカセットテープの録音機を買い、自分とつき合っている女性との性交を録音し、彼女の喘ぎ声を聞かせていたのである。

彼らは「聞くかい」と誘った。録音機が私の机に置かれていたので、成り行きで少し聞いたが、よく聞き取れなかった。そして、こいつらはやっぱり「ねずみ男」や「チンピラ」だと再確認し、呆れてものも言えず、これ以上はつき合いきれないと思い、「もういいよ」と言った。態度ではもっとはっきり現れていたようで、彼らは私を堅物だと思ったのかもしれない。録音機を持って、部屋から出ていった。

もちろん、私は堅物ではなく、ヌード写真など覗いたりしていたが、自分がつき合う女性の喘ぎ声を人に聞かせるのは、堅物以前の問題である。彼らが出ていった後、次第に嫌悪感が募ってきた。

「誤爆」

寮で生活し始めて一カ月ほどした五月一七日朝、父が脳血栓で倒れ、桐生市内の森田病院に入院したと連絡を受けた。「これは大変だ。学業が続けられるか」と思いつつ、帰郷した。母は心配せず勉強を続けるように言ったので、見舞いをして戻ることにした（父はその後退院して、猿渡温泉病院でリハビリ治療を受け、翌年四月一日に伊勢崎工業高校教諭に復職）。

帰郷したついでに、高校時代の同窓生数人と会った。おしゃべりする中で、私がドブチューと同じセクトに入ったとうわさされていることを知った。おそらく、彼と同じ亀有セツルに入ったことが、セクトにまで拡大したのだろう。そして、彼の行方が分からなくなったことも、それに拍車をかけて、おひれをつけたのだろう。

当時は、内ゲバが過激化していた。ある日、駒場のキャンパスを歩いていると、地面に赤黒い跡を目にして、何があったのかと尋ねると、内ゲバでやられたのだと言われた（生死は不明）。その中で間違って別人を殺傷する事件がいくつも起き、「誤爆」と称されていたので、このうわさを聞き私はギョッとした。しかも、ドブチューの属したセクトはその代表的なものの一つだった。そのため、同窓生に「セツルメントはサークルで、セクトとは違うから、誤解しないように。私は彼の信念ある行動は尊重するが、内ゲバには反対だ」と言った。そして反対の理由を話していると、一、二人が「日共民青」と言ったが、他はみなただ遠い異郷の話を聞くような様子だった。「日共民青」と言ったのも、実際には活動していなく、口先だけのようだった（高校時代がそうで、もしそうでなかったらまさに革命思想に覚醒したのだろうが、口調は相変わらずだった）。

このようなわけで、誤解が解けたかどうか心配しながら東京に戻った。幸い、うわさは東京まで伝わらなかったのだろう、私は「誤爆」されなかった。

聞いていたの猿ぐらいだった

父も母も教師で、組合運動の経験もあったが、私はほとんど知らなかった。父の病状がひとまず安心ということになり、母と雑談していて、つい社会情勢などに及んだ。母は私が左翼に向かっていることを感じたのだろう、「組合なんて、お前がおなかにいるときだって、デモや集会に引っ張り出したんだ」と言った。こう言われては、無事に生んでいただいた者としては、二の句が継げなかった。

母は組合に反対という程ではなかったが、時々辛辣なことを言った。別な時には「山の学校から集会に行くまで隊列を組んでデモ行進をして、大声を出させられたんだ。でも山の中だから、聞いていたのは猿ぐらいだった」と、ボソッと言った。これは地域教育運動について話していた時で、私はあ然として、話を続けられず、苦笑するだけだった。母がハッキリと批判的なら、こちらも反論したと思うが、そこまで意識しておらず、庶民の実感として単発的に口にするので、いわば、予想もしなかった方向から不意打ちを食らうようなものだった。

なお、父の死後、文書類を整理していたら、組合で分会の役員をしたことがあったことを知った。文面から、悩みながら努力していたことがうかがえたが、私は何も聞かされなかった。若い頃の手記では「盆栽のように縛られて生きたくない」と書かれていた。

おかしなパン屋と『資本論』――「甘え」に関連して

寮生が「おかしなパン屋」と呼ぶパン屋が近くにあった。正確には、「あの〇〇パン屋はおかしいな」などと言っていたが、○○は現在では差別語とされており、誤解や曲解を防ぐために「おかしなパン屋」と記す。おかしいと言われていたのは、夜中の二時、三時に店を開けて、働き始めるからである。

「おかしい」のは、この時間に働くパン屋ではなく、道をうろついている寮生の方だが、そのように自覚している者はいなかった。これは先述した「甘え」に通じている。

学生運動で終電に遅れ、渋谷あたりから駒場寮まで歩くという場合もあったろうが、私の見るところ、酔っぱらいの方がずっと多かった。学生運動なら職務質問されて、拘留される可能性が高く、当然、深夜の移動などはできるだけ避ける。

また、このパン屋が深夜に開店するのは、この時間にパンを生産し始め、出荷して、離れたところの店頭に、朝からパンが並ぶようにするためであろう。時々、このパン屋は、大きなビニール袋にパンの耳をたくさん入れて、十円くらいで（記憶ははっきりせず、五円だったかもしれない）売っていた。それは、呑んだくれて素寒貧になった寮生を救う食料にもなり、パン屋は慈善事業とともに、残ったものを無駄にせず、先駆的にエコに励んでいたと言える。

さらに、このことは、パン屋が、生産したパンを加工して出荷したことを示している。だから、深夜に開店するので、「おかしい」と思うことを起点として、パンの生産、加工、出荷、流通、販売にまで思考を進めれば、その「おかしい」ことが解明されるが、それを行った寮生はいなかったと思う。『資本論』を読み、商品の生産や流通の過程、労働、搾取などを論じるのは聞いたことがあるが、このパン屋におけるパンの生産や流通の過程、労働、搾取などが話題になったことはない。ただ「おかしなパン屋」と言われていただけである。私は「あれは朝早く作って、他の店に運んでいるからだろう。こんな深夜に労働しなければならないのは……」と論じようかと思ったが、浮いてしまうに違いないと思い、止めた。ドブチューとなら議論できたかもしれない。

コーヒーを囲んだ談義

寮の別の部屋に、全共闘に共感する寮生たちがいた。その一人がインスタントではなく、挽いた豆を濾過してコーヒーを飲み始めた。これは当時はまだ珍しく、今よりも高価だった。時々そこに寮生や寮に出入りしている学生が集まり、「スコラ」、「理論闘争」という程ではなかったが、社会情勢から学生運動についておしゃべりしていた。

おしゃべりしながら、コーヒーを飲もうかという時もあり（むしろそれを目当てにしていた者もいた）、〝お湯はよく沸騰させ、カップも十分に温め、コーヒー豆はたっぷり使って、熱湯で泡立てるのがいい〟というので、電気ポットが沸騰してもズッと湯気をあげさせていた。おしゃべりに気を取られた時などは、沸騰してお湯が少なくなり、新たに水を加えて、また沸騰させることもあった。私は、社会変革、労働者、生産力、生産関係、搾取などを話題にしながら、お湯も電気もムダにして全く気にしない感覚におかしいと感じた。しかも、寮費は格安、光熱費は使い放題で、国民の税金によって寮生活は成り立っていた。

選抜されて大学生活を享受し、卒業後はエリート・コースが約束されている者の限界と感じた。これは、やはり階級的な限界で、この捉え方は今でも変わっていない。確かに、人間の内面を階級の問題に安易に還元することの危険性は十分に注意すべきで、インスタント・コーヒーと豆を挽いてフィルターで淹れたコーヒーとの間に、階級的政治的に一線を画さなければならないなどと議論を飛躍させてはならない。私にも、両者の風味の違いは分かる。それでもやはり、このコーヒーを囲んだ談義に階級的な限界や欺瞞を感じざるを得なかった。そして、私がこのように感じたのは、下町での実践があったからであり、私としてはこちらに意味や価値を認めた。

また、類似した学生同士の雑談で、セクトなどがそれぞれ自分が正しいと言ってるが、それはいろいろと比較した結果でなくて、偶々入ったサークル（寮のサークル部屋も含む）で教えられたからだなどと人ごとのように話していた。確かに、そのような者もおり、親や知人の影響による者もいたが、多くは真摯に考えた結果だった。むしろ、そのように傍観者として話す者には、自分が全共闘系の部屋に割り振られ、それに共感するようになったという点の自覚は希薄であった。そして、私の場合はセツルの実践が基盤にあり、Ｋｎ君がきっかけで、彼の人間性を信頼して民青を選んだ要素があると自覚していた。

駒場の学生運動の一端

駒場のキャンパスでは、一九七四年に新しい動きが現れた。社会主義協会向坂派系の「クラ活（クラス活動者会議の略称と聞いた）」が活動を広げ、民青系は押され気味であった。この年は、川上徹氏が「新日和見主義」で組織破壊の分派活動をしたとして「査問」された翌々年であった。本書を執筆する際に、後に日本共産党委員長となる「志位君」[*10]と駒場の時期から学生運動を共にし、同じく工学部に進学したＨｚ君（私も含めてみな一九七三年入学）に、「新日和見主義」について聞いたことがあるかと質問したが、彼は全くないと答えた。さらに、七一年入学のハタ坊も、後で知ったので、セツルの時は聞かなかったと言った。川上氏たちが一掃されただけでなく、その残存的影響さえなくなっていたと言える。ただし、この結果が前

＊10　志位委員長は当時ブレザー姿で活発に寮にも出入りし、私たちは「志位君」と呼んでいたので、本書でもそのように表記する。奮闘しながら成績優秀な彼を「Aばっかりとってるる C君」と評してもいた。

記の通りである。

確かに、一九七三年には、参議院大阪補選で共産党の沓脱タケ子が小差で自民党候補に勝ち当選したように、共産党の躍進が注目されたが、その一方で、駒場に前記のような動向が現れていた。そして、その後の青年学生運動の衰退を踏まえれば、これを徴候と捉えることができ、その前年に「新日和見主義」批判がある。なお、私の属していた地区の民青では「新日和見」、「シンヒヨ」とささやかれており、東大の組織における一掃がいかに徹底していたか、あるいは、東大生らしくいかに忠実に上に従ったかがうかがえる。

他方、かつて向坂派系で、『人民の力』代表を務めている常岡雅雄氏に「クラ活」や、その中心的な存在であったUe氏について尋ねたが、いずれも知らなかった。つまり「クラ活」の台頭も一時的であったと言える。即ち、全体として青年学生運動は退潮傾向にあった。実際、駒場では学生大会の成立が危ぶまれ、もしかつてのように無期限ストを行っても、スト解除のための大会が成立せず（出席者が定足数に満たない）、なし崩し的にストが終わるだろうなどとささやかれていた。ただし、私はそれを聞いても特に感じることはなかった。元から私は学生運動が苦手で、セツルと地域に関心を向けていたためである。毎日キャンパスで聞くアジ演説にも現実性が感じられなかった（先述した日高を援用すれば「実感」がなかった）。

また、寮でジーンズにヤッケといういかにもセクトの活動家というスタイルの学生を交えておしゃべりする時があった。話題が部落問題に及び、私が勉強不足でよく分からないと言うと、それこそが差別だと言われ、申し訳ないとあやまると、そうあやまることこそ差別だと言われ、それじゃどうしたらいいのかと窮したことがある。そのため、頭を整理しようとメモと鉛筆を取りだして、「もう少し説明してくれないか、ちゃんとメモして考えるから」と言うと、彼は何も言わず、こんなやつは相手にできないという態度で、別の学生に向かっていった。ただし、他の学生も私と似たり寄ったりで、うやむやなうちに、彼は部屋を出ていった。私としたら、メモで記録するということの効果を学習した。

秋のある日、学外からヘルメットをかぶり鉄パイプを手にした学生たちが寮に押し寄せてきた。活動拠点にしようと寮内の一室に入ろうとしたのである。これに対して、寮の自治会がこれを阻止するように寮内のスピーカーで呼びかけ、彼らよりも多くの寮生や学生が集まった。こちらは素手でスクラムを組んで入れないようにして、数が多いので次第に押し返した。すると、突然、一人が鉄パイプを振り回し始めた。私はいつの間にか最前列にいて、目の前で鉄パイプがブンブンと振り回され、これは大変だと思った。しかし、後ろの者も大変だと思ったのだろう。誰も前に出ようとせず、しかし後退もせず、そのため最前列の私は冷や汗が出るまま時間が経過した。しばらく膠着状態が続き、向こうも疲れたのか、鉄パイプを振り回すのを止めて、捨てぜりふとシュプレヒコールを叫びながら離れていった。私は後ろにいたやつは一体誰だと振り向いたが、みな解散して、誰とは分からなかった。

また、冬の夜、武道のサークル部屋の寮生たちが酔っぱらって、廊下の立て看を素手で壊して焚き火を始めた。当時、サークルや運動組織はキャンパスで使い終わった立て看を寮にしまい、模造紙を張りかえて繰り返し再利用していた。

立て看の破壊は政治活動の妨害だという訴えのためか、木製廊下での焚き火で火事の危険があるという通報のためか、寮自治会が来たが、自分たちでは手に負えないと、やはり寮生を集めた。しかし、酔っぱらった有段者たちに近づいて止めさせようとする者などいなく、煙が立ちこめる中で離れたところから声をかけるだけだった。私は前の経験から最前列に押し出されないように注意していた。そして、彼らはお構いなしに悠々と焚き火にあたっていた。それでも、廊下の板が極めて強固だったため、火は燃え広がらず、しばらくして弱まり、彼らは呑み直すためにフラフラと外に出ていった。翌日、そこを見たら、焚き火の跡が少しくぼんでいるだけで、さすが旧帝大の寮の廊下は頑丈だと感心した。

駒場祭と「どぶ川学級」

七四年の駒場祭では、私は前年よりも積極的に参加したようである。自分のことを「ようである」と推測で述べるのは、記憶が失われていて、文献資料からようやく想い出したたからである。これは、先述したように、私の活動の重点が次第にセツルから葛飾の地域教育文化運動に移っていたためと言える。この年の駒場祭では、駒場セツルメント連合（駒セツ連）として「どぶ川学級」の上映会と須長長茂夫の講演会を行ったが、私の記憶の中で「どぶ川学級」は主としてMjさんたちと繋がっていただけであり、駒場祭での取り組みは三六年ぶりに現れた文献資料でやっと想い出した程度である。

駒場セツルメント連合機関紙「こまば川」は、第一号（一九七四年十月三日）の発行が「セツルメントぐみの会（東京大学駒場寮、教育研ぐみの会）」だが、「こまばがわ」第三号（十月二四日）の発行編集責任は「亀有セツル（ブク）」となっている。「駒場セツルメント連合機関紙」と記されているが、わら半紙一枚にガリ版印刷したもので、第一号で「週刊」と記されているが、第三号は三週間後で遅れており、タイトルも「川」が「がわ」に変わっている。また「連合」とはいえ、寮に出入りするセツラーが情報交換していた程度で、「連合」としての共同行動はこれから述べる駒場祭への取り組みしか私は記憶していない。

ただし、亀有セツルは全国学生セツルメント連合（全セツ連）から離れていたため、[*11] 駒セツ連からも距離があり、私の知らないところで共同行動があった可能性もある。しかし、当時、私は寮で生活しており、この私が知らなければ、たとえあったとしても推して知るべしである。そして、私は「どぶ川学級」だから駒セツ連の共同行動に参加したのであり、そうでなければ違っていただろう。こうして、私は九月二五日（水）の第一回上映実行委員会から参加し（前掲「こまば川」第一号）、準備を進めるうちに「こまばがわ」第三号の「発行編集責任」を引き受けたのである。

このようなわけで、私は翌年に文学部社会学科に進学するが、学ぼうとする内容は既に社会教育の性格を帯びていた。だからこそ大学院は教育学研究科の社会教育を選んだのである（社会学科進学の時点では教育は学校教育としか見ていなかったが、進学後ロッパの勧めで五十嵐顕教授の授業を受講し視野が少し広がった）。さらに後日、社会教育学研究室で碓井正久教授の資料整理の手伝いをしているとき、「『新・どぶ川学級』を成功させるために―子どもたちと日本映画の未来を見つめるすべての人への呼びかけ―」（一九七五年十二月一日）を発見し、そこに宮原誠一、五十嵐顕、家永三郎たちが名を連ねているのを知り、私の選択は妥当であったと再確認した（他に一四〇頁で後述する三上満もいた）。そして、碓井教授にこれは必要ですかと尋ねると、不要だと答えたので、いただいた（合わせて「新・どぶ川学級」のチラシ、「『どぶ川学級』『教科書裁判』映画化促進会」の名前を印刷した葉書も）。

なお、亀有セツルの取り組みは他のセツラーに任せたのだろう。実施したか否かを含めて記憶にない。

＊11　日付も筆者も不明の、ドラのファイルにまとめられた文書では「六〇年テーゼ」以降に関して「森本裁判（朝日訴訟に類似）への取り組み、全セツ連からの離脱、書記局体制の崩壊、…。そして六ツ木、綾瀬、東和、関原への進出…」と記されているが、全セツ連大会に参加したセツラーもいた。また、亀有セツルメント連絡会議「れんらくかいぎ」一九七三年九月一九日では、「実践的なスローガンをつくろうよ。全セツ連のような抽象をうちゃぶろう」と呼びかけている。「離脱」はしないが、その傾向があったと言える。

こまばがわ

駒場セツルメント連合 機関紙
1974. 10. 24 発行 才3号
編集責任、亀有セツル（ブク）

才4回「どぶ川」上映実委報告

10/23(水)、先週の実行委が流れてしまったため緊急に、この日に集まりました。

出席者 ゲンタ（川崎）
オチェイ、スコップ（永川下）
カンタロー、メグミチャン、マタベェ（ぐみの会）
ブク（亀有）

部屋、時間等、については、まだ決定されていませんので、具体的な対策はまだ立てられませんが、まずできるところからやってゆこうということで、次のことが確認されました。

(1)ぐみの会のメンバーが、駒場祭委員会と交渉し、早急に、部屋、時間を決定する。

(2)教授さん達に対するカンパ要請を各セツルごとに責任をもってやる。名ボは駒セツ連の部屋にあるはず。

(3)ビラ、入場券等は日時、場所が決まらないと作りようがないけれど、宣伝は大切だから、まずタテカンぐらい作ろうじゃないかということになりました。永川下のSr. がやってくれることになりました。

(4)他サークルとの提携のことですが、一応経過を述べれば

- あらぐさ……「どぶ川」をあらぐさとしてやる意義が不明確で、やることはちょっとできない。
- クラ活……「いいですね」と言われたが、その後、あまり進んでいない。
- 元木、関原セツル…連絡がとれていなくて、全然わからない。
- 教科研…部員が2〜3名しかいなくて、駒場祭にどうとり組んでいくのかわからないこともあるので一緒にやってもよいらしい。
- 駒場子供会……ダメらしい
- 憲政会……マタベェが当ります。
- 裁判研…ブクが当ります。
- 部落ゼミ…ぐみの会、もしくは、永川下が当ります。

カンパ要請のビラできる。

若干読みにくいと思われますが、みなさん頑張って、カンパ活動を進めましょう。

カンパに　んでの注意！（私論）

(1)あくまでも誠実に。礼儀は無視するより、正しくふるまった方がよい。

(2)絶対に僕達の活動を理解してもらうこと。僕達はセツル活動が正しいと思って行っているのだから、それを理解してもらえない状態でいるのは矛盾。だから、あくまでも理解してもらうようにしよう。それに、理解してくれれば、若干のカンパはせざるを得なくなると思うのです。

(3)服装はなるべく小ざっぱりと。見も知らぬ人間を判断するには、やはり、服装なんかに頼らざるを得ないと言わねばならない。

「どぶ川」学習会について

この前は、組合活動と須長さんとう点で学習してゆこうとしていたけれど、それでは、セツラーみんなの関心がとらえられていないのではないか、ということが言われました。そこで、まずセツラーみんなが話し合え、学習してゆけるテーマとして、例えば、どぶ川学級を実践してゆく中での須長さんの成長とか、どぶ川実践と僕達のセツル実践について討論していった方がいいのじゃないかと提案されました。

今度は以上のような感じで学習してゆきたいと思います。

- 日時 10月30日（水） 2:00〜4:30
- 場所 北寮 会議室

次回の駒セツ連、実行委について。

- 日時 10月28日（月） 昼休み
- 場所 駒セツ連部室（学館3階）
- 内容 1)左に書かれたことの進度状況の把握
  2)上映実行の具体化、スケジュール化
  - 宣伝活動
  - カンパ活動
  - 会場確保 等
  3)駒場祭における各部屋の割りあて
  4)寮祭についての姿勢
  5)須長さんの講演について 等……

セツル紹介（その3）亀有セツル

地域は東京都の東端、足立区といっても少し東へ行けば千葉に入るという県境。駒場から千代田線で1時間余りかかり、往復280円出てゆくところ。それにもかかわらずセツラーは駒場21名全体で80名余りと活発に活動しています。

亀有セツルといっても、亀有の地域ではほとんど活動していなく、都営住宅のある大谷田地区、東和地区、団地の大きい六ッ木地区の3つの地域で小学生パートを中心に家庭訪問、母の会等、を通じて活動しています。

中パートは大谷田地区にあり、高パート、青年部もシコシコと活動を続けています。

更に、今年新しく法律相談部ができ、また新たな活動が出来そうです（法相は2年ぶりの再建）しかし、主に高P、青年部には活動の停滞がまだ続いていますし、小Pの場合でも、おじさん、おばさん達に本当に理解されていない場合も多くあります。

このよう、亀セツの現状は今激動期に来ていると言えます。この中で、僕達は10.20の総会を成功させられましたし、これからの学園祭に向けて、セツラーの力を合わせ、今を乗りきりたいと思っています。もちろん地域実践が基本であることを忘れてはいけませんが。

亀セツはあまり他のセツルと交流がないのですが、こっちとしてもどう考えていいのかわからん

『新・どぶ川学級』を成功させるために

——子どもたちと日本映画の未来を見つめるすべての人へのよびかけ——

いま日本の政治的、経済的な危機とともに、道徳的、文化的な退廃、国民の精神生活の危機が叫ばれています。

その危機の最大の被害者は、国と社会の未来をになう子どもたちとその心です。民主主義とヒューマニズムに反する国の文教政策のもとで、教育の荒廃化はすさまじい勢いで進み、多くの教師や父母の切実なうれいとなっています。

須長茂夫著『どぶ川学級』（労働旬報社刊）とその映画化が大きな反響をよびおこしたのも、そこに人間としての子供の未来を考える熱いねがいがこもっていたからでしょう。

〝生きること〟〝学ぶこと〟の意味をみつめ、考え、行動する須長さんや子どもたちのすばらしさこそ、今日の荒廃をのりこえる、本当のみずみずしい力です。

今回、その『どぶ川学級』の続編と完結編を原作として、日活で『新・どぶ川学級』が映画化されることになり、この力がいま一度、そして新鮮な今日的視点と感覚で映像によみがえることになりました。

日本映画界はいま、外国映画に量質ともに圧倒され、「邦洋逆転」の危機に見舞われています。と同時に、『男はつらいよ』『同胞』や『金環蝕』、すぐれた名作再上映の大成功は、国民の気持にひびく作品こそ、この危機を克服する最大の力であることを証明しています。

日活の働く仲間は、きびしい経営の状況のなかで、そのような映画づくりをかちとるために『戦争と人間』三部作、『大地の冬のなかまたち』『ともだち』『アフリカの鳥』などの製作と上映の運動を進めてきました。

今回の『新・どぶ川学級』も、そのような日活の働く仲間のねがいをこめ、その自主的な企画でつくられようとしています。独立プロではない日活のような大企業で、このような国民的な映画が働く仲間の力でつくり出される意義もまた、画期的なものがあると思います。

そして映画『新・どぶ川学級』は、子どもたちの未来を熱い心で見つめる、すべての人たちの要求にこたえ、日本映画の民主的な再建にも大きな力づけとなるでしょう。

日本の未来をになう子どもたちのために——

日本映画の未来をみんなの手にとり戻すために——

映画『新・どぶ川学級』の製作と上映をみんなの力で成功させましょう！

一九七五年十二月一日

賛同者御芳名　五十音順

荒川恒行　関東地区広告労働組合協議会
井野川潔　教育運動史研究会運営委員長
飯田慈子　金沢学童保育連絡協議会・金沢子ども劇場
岩崎昶　映画評論家
家永三郎　東京教育大学教授
池上正道　全国進路研究会常任委員長
市川誠　日本労働組合総評議会議長
市川紘　全国印刷出版産業労働組合総連合委員長
伊ケ崎暁生　国民教育研究所
五十嵐顕　東京大学教授
石子順　子どもの文化研究所事務局長
石曾貴美代　全学連文化部長
梅根悟　和光大学学長
植田泰治　映演共闘議長
海老原治善　関西大学教授
岡村恵　中立労連事務局長
尾崎陞　弁護士
大田堯　東京大学教授
大槻健　早稲田大学教授
加藤親至　マスコミ共闘議長・新聞労連委員長
川合章　埼玉大学教授
鍛治利秀　弁護士
城戸幡太郎　正則高等学校長
櫛田ふき　婦団連会長
小森秀三　日高教組委員長
小島成一　弁護士
坂牛哲郎　都高教組委員長
早乙女勝元　作家
佐竹五三九　全国金属労働組合委員長
城丸章夫　千葉大学教授
隅井孝雄　マスコミ共闘事務局長
関誠　都教組江戸川支部書記長
副島種典　愛知大学教授
竹村富弥　民放労連委員長
田沼肇　法政大学教授
田中昌人　京都大学教授
高橋磌一　歴史教育者協議会会長
高野啓郎　全国民主主義教育研究会事務局長
高木教典　東京大学助教授
千葉邦彦　全金日本ロール委員長
土井大助　詩人
鄭寄子　新日本婦人の会東京都本部
中小路悦子　三多摩高校問題連絡会議代表委員
楢橋国武　日本出版労働組合連合会委員長
野村平爾　早稲田大学教授
浜坂福夫　日演協委員長
平澤一仁　「母と子」の主幹
船山謙次　前北海道教育大学教授
古川原　長崎造船大学教授
松本清張　作家
槇枝元文　日本教職員組合委員長
増田孝雄　東京都教職員組合委員長
丸木政臣　和光学園校長
間島三樹夫　文化団体連絡会議事務局長
真壁仁　山形県国民教育研究所長
宮川実　労働者教育協会会長
三上満　中学教師
宮原誠一　東京大学教授
村山ひで　山形県新婦人の会代表委員
森田俊男　国民教育研究所所長
森田公明　調布地区労議長
矢川徳光　教育評論家
山田和夫　日本映画復興会議事務局長
山本薩夫　映画監督
山住正巳　都立大学助教授
山本あや　新日本婦人の会中央事務局長
山家和子　日本母親連絡会事務局長
渡辺清次郎　東京地方争議団共闘議長
鷲谷善教　日本社会事業大学教授

（十二月十六日現在）団体名一部略称

第三章

一九七五年を中心に

一、地域

セツルの「卒業」

当時、セツルメント活動は駒場の二年次までで、ほとんどは本郷の三年次の専門課程に進むとき、「卒業」と言ってセツルから離れていたが、私は疑問を抱いていた。確かに、高パートは仲良しサークルで、青年たちは集まらなくなっていたが、地域の問題は解決されずにあり、そのまま離れることは無責任のようにも感じていた。

また、セツラーの中には、少数だが、簡単に割り切らず、何らかの形で関わりを持ち続けていることを感じた。私自身は「卒業」と言っていたが、それは地域から離れるのではなく、さらに深く地域に入ろうと考えたからであった。ただし、その地域はセツルの位置していた足立ではなく、まさに「亀有」のある葛飾であった。

そして重点は移すが、セツルには無責任にならないように心がけていた。しかし、先述したハウス管理問題を人任せにするように、心がけは不十分であった。それでも、実践の場が近かったので、その後の状況にも責任を持つように心がけた。そのため、葛飾に近いアパートで暮らしていたチーズから話を聞くようにした（これについては他の要因も絡み、一二四頁で後述）。

「赤いベルト」に引っ越し

私は駒場寮からＭ.ｊさんの家に近い二階一戸建ての２ＤＫに引っ越した。Ｍ.ｊさんは紹介するとき、大家のＯｋさんは平凡なサラリーマンで、奥さんは党員だが、ご主人にははっきりと言っていないので、注意するようにと忠告した。家賃は格安だったが、一戸建てを学生一人で使うのは考えられず、工学部に進む友人のHｚ君（前出）を誘った。一戸建てを格安で借りられ、しかも、近くの学習塾でアルバイトもできると言うと、彼は同意した。そして、二階を私が、一階をHｚ君が使った。しばらくして、この地域周辺には被差別部落だったところがあり、今は共産党員が多いため「赤いベルト」と呼ばれていることを聞いた。

格安の家賃と近くのアルバイトは、前年に父が倒れて仕送りを減らすことにしたので助かった。また、Mｊさんと私は、Hｚ君に「塾はアルバイトだけでなく、地域教育文化運動の中の少年団活動を組み合わせて考えれば、君にとっても意義がある」と説いたが、彼は関わりをアルバイトだけ止めた。逆に自治会活動と専門課程で次第に多忙になり、一年後に本郷の近くに引っ越した（卒業後は帰郷して家業を継いだ）。ただし、地域教育文化運動は発展したので、一階は子ども劇場の事務局が使うことになり、私の負担する家賃は変わらなかった。

Hｚ君の他にも、私は何人かの学生に「どぶ川学級」の意義を説いて、葛飾でいっしょにやらないかと誘った。その中で、セツルの一年後輩のデコは見学に来たが、それきりだった。また、社会学科のOｍさんは話が聞きたいというので、Mｊさんと喫茶店のルオーで説明した。ルオーはMｊさんが指定した。私はそれまで何も知らず、「ルオーは、どこにあるんですか」と聞くと、Mｊさんは「東大に行ってるのに、ルオーも知らないの？」と言うので、「ぼくは東大に合わないから、ここでこうしているんでしょう」と答えた。すると、Mｊさんは笑いながらルオーにまつわるエピソードをいくつか語った。

こうして、Oｍさんとルオーで会った。彼女はMｊさんの話を聞くうちに、感動したのか、それとも圧倒されたのか、涙を浮かべだした。しかし、実際にやるというところまでは至らなかった。

以上のようなことがさらにいくつか続き、まさに連戦連敗だったが、私はどういうわけは挫折しなかった。羽仁の「同級生の考え方がぼくと違うのに驚いた」（前出）とともに、つまらない勉強して何がおもしろいのだろという憐れみも感じていた。つまらないという理由は、一一四頁などで述べる。

毒喰わば皿まで

生活費を切りつめるために自炊を心がけていたが、外食もした。引っ越したばかりで、近くでどのようなものが食べられるかと歩いていて、目にとまった大衆食堂に入り、親子丼を食べたら、底から小さなゴキブリが出てきた。色が変わって、白っぽくなっていた。「何だこりゃ」と思ったが、ここはまだ不案内で、しかも、これから学習塾や少年団をやるので人間関係に悪影響を及ぼさないようにと考え、文句を言うのは止めて、そっと床に落とした。そして、熱で消毒されているだろうし、もうこれなら毒喰わば皿までだときれいに食べ終えた。

その後、サークルでこのことを青年に話すと、「おれも食べていたら、何か虫が出てきた。これはタンパク質の補給になると、おれは食べたぞ」と言った。私はあ然とした。

また別のところで、高校生にこのことを話したら、青年と同じようなことを言った。これではかなわないと思い知らされた。

トコの初月給

連休のうららかな日、のんびりと朝寝坊して、ゆっくりと便所に入っていた（Hz君は不在）。すると玄関の戸をたたく音がするので、「何ですか」と尋ねると、Ｍｔさん（トコ）だった（半畳たらずの玄関の横が汲み取り式便所）。私はあわてたが、すぐに出られず、便所から「玄関は開いてるので、二階にあがって」と言った。早くすまそうと思ったが、焦るばかりで、なかなか出なかった。ようやく終えて二階にあがると、彼女は窓を開けて、窓辺に座っていた。「何だい」と聞くと、「山田君がどんなところに引っ越したのか見に来たのよ。初月給が出たので、これを買ってきたから、作って食べよう」と言った。私の住所を頼りに、人に聞きながら来たという。職場のことや、チーズさんはどうしているかなどおしゃべりしてから、彼女は買ってきた食材を台所で調理した。いっしょに食べた後、しばらく雑談して、私は「だんだん村（後述）」に行くので、いっしょに家を出て、途中で別れた。

作りすぎて残った料理を流し台の下にしまっておいたのだが、私はすっかり忘れていた（冷蔵庫はなかった）。数日後、Ｈｚ君が臭いぞと言いだし、私は「しまった」と思った。流し台の下を開けると、腐ってカビだらけで悪臭を発していた。彼に文句を言われ謝りながら捨てた。

自己教育と地域総合教育計画・考察（三）

Ｍ・ｊさんが取り組んでいたことは、宮原の提起した自己教育や地域総合教育教育計画に近いと考えている。それは形成と教育の統合でもある。人間に対して、形成は自然発生的に作用し、教育は目的意識的に働きかける。この自然発生性と目的意識性には矛盾があり、それが個人の発達と地域社会の発展（止揚）の要因や契機となる。そして、この観点からＭ・ｊさんが取り組んでいた実践について整理してみる。

まず、学習塾は体制の差別、選別の教育に対して学校外で学力や知力を保障しようとするものである。会計管理はＭｊさんがしていたが、滞納している子どもに対してＭｊさんは何も言わなかった。私は子どものおしゃべりを横で聞いていて、うすうす感じていたが、やはり何も言わなかった。

少年団は、異年齢集団の形成的教育的機能を活用し、子どもが遊びから労働や生産、及び対話、議論、合意形成へと発達していくことを支援するためのものである。Ｍｊさんは「子どもの遊びと手の労働研究会（手労研）」を紹介し、私はそれに学び「バザーとノートづくり─東京・だんだん村少年団」[*1]などの実践を試みた。それは他者の労働を搾取せず、自分で働き富を生産し、また自分と異なる意見を交換しあい、少数意見を尊重して合意を導くという自由で民主的で平等な「アソシエーション（協同社会）」を実現するということを担える力量を育てるための実践であった。

高校生のサークルは、次の発達段階に対応し、共同学習の要素が強まり、またメンバーの中で関心や意欲がある者を少年団のジュニア・リーダーにする。これは青年労働者のサークルでも同様である。

子ども劇場は、親子で良質な演劇や映画を鑑賞し、感性や情緒の発達を促す。また、その立案、計画、準備、実施、評価、そして新たな立案……というスパイラルは、共同学習、自己教育でもある。その過程で会員の意見を集約することは生涯学習と民主主義の実践になる。さらに、夏のキャンプなど、鑑賞以外にも親子の関係を向上させる実践にも取り組み、活動を幅広く展開する。これは形骸化したＰＴＡを活性化することにもなる。

そして、以上を通して子ども・青年・成人はそれぞれ発達し、世代間交流も活発になり、地

＊１　山田正行「バザーとノートづくり─東京・だんだん村少年団」少年少女組織を育てる全国センター『少年・少女を育てるために』第一四七号、一九七七年六月十五日。

域社会が発展し、「アソシエーション」が形成される。それを通して、教育は体制がその意図や必要性に従って労働力（人材）を育成するためのものではなくなり、自分が望み、求める自分自身になるために他者と共同して教育を創造して、それを受けるという自己教育が全面的に展開する。

このような展望をもって、Mjさんは実践だけでなく、発達、学習、教育の研究に関して、まず私にヴィゴツキーやワロンの心理学やマルクス主義教育学を紹介した。ランジュバン－ワロンの教育改革案（一九四七年）を教えられ、『ワロン・ピアジェ教育論』*2を読み、この時にジャン・ピアジェを知った。

また井尻正二も勧められ、私は『どぶ川学級』を理論的に深められると考え、彼の著書を読んだ。特に井尻の著書では、*3「アソシエーション」が、個人の発達と地球史の発展として述べられていると受けとめた。さらに、私は学習をマルクスが『資本論』第一版序文で書いた「自然史的過程」へと進めた。確かに、現在から見れば様々に制約されていたことは明白である。特にオパーリンの『物質▼生命▼理性』を読んだとき、彼が「理性＋物質↓生命」を「観念論的な定式」として、「物質↓生命↓理性」を提起したことから大いに学んだと思ったが、*4しかし、その後、これは機械的な唯物論で、弁証法的認識が弱く、さらに理性を偏重し、感性や情緒への観点が不足していると評価するようになった。他にも、J・バナール『生命の起源―その物理学的基礎―』（山口正三郎他訳、岩波新書、一九五二年）、宮地伝三郎『サルの話』（岩波新書、一九六六年）、江上不二夫『生命を探る』（岩波新書、一九六七年）、八杉竜一『進化論の歴史』（岩波新書、一九六九年）、今西錦司『進化とはなにか』（講談社学術文庫、一九七六年）などを読んで、思想を豊かにして実践に生かそうとした。

＊2　世界教育学選集第二八巻、勝田守一監修、竹内良知訳、明治図書、一九六一年。

＊3　井尻正二『ヒトの解剖』（人と文明1、一九六九年）、『人体の矛盾』（人と文明2、一九六八年）、『文明のなかの未開』（人と文明3、一九六八年、以上築地書館、『ヒトの直系』（大月書店国民文庫、一九七七年）、『ひとの先祖と子どものおいたち』（築地書館、一九七九年）、『こどもの発達とヒトの進化』（築地書館、一九八〇年）、さらに『化石』（一九六八年）、『地球の歴史』（第二版、一九七四年、湊正雄と共著）、『日本列島』（一九七六年、湊正雄と共著、以上岩波新書）。発行年から分かるとおり、この中には私が葛飾を離れた後の出版もある。Mjさんと運動を共にすることはなくなったが、彼女の影響は続いていたのである。

＊4　アレクサンドル・オパーリン／石本真訳『物質▼生命▼理性』岩波書店、一九七九年、二頁。

それは、視点が発達、学習、教育から離れて拡散したというのではなく、それだけ私たちの視野や展望や志が広大だったと考えている。私たちは、グローバリゼーションが話題になる二〇年も前に、地球規模で人間の発達と自然史を統合的に捉えようとしたと自負できる。
ただし、以上はＭｊさんたちとの関係性に即したものであり、この他に私は民青の高対部員として実践していた。これが有機的に統合できればよかったが、矛盾が止揚されず、むしろ深まるようになる。

少年団（だんだん村）

少年団の集まりは、以前、町工場であったＭｊさんの家の一階で始めた。作業場だったところに床板をはり、黒板、机、椅子をそろえた（二階に祖父母を含め一家八人が生活）。アップライトのピアノもあった。子供たちはそこを「だんだん村」と名づけた。[*5]

子どもたちは、下町のいわゆる「悪ガキ」が多かった。その中には「やまっさぁん、そりゃないっすよ」などと言う子どももいた。ややもすれば「てめぇ、このやろう」などと言いあい、ほどほどのけんかを遊びにしていた。また、バカにされても笑い飛ばすしたたかさがあった。「頭がピーマン（中が空っぽ）」、「パープリン（頭がパーで、脳みそがプリン）」などと笑いながら言いあっていた。この「パープリン」は、小林よしのりが漫画で使い流行語になったというが、私の記憶では、その前に「だんだん村」の子供たちが使っていた。親譲りの批判精神もあり、佐藤栄作のノーベル平和賞受賞について、「あいつの腹の中ァまっ黒で、これじゃ世の中ァまっ暗だ」などと言っていた。

子どもたちは、野卑でもあった。例えば、仲間どうしで銭湯に行き、大きな湯舟で遊び、お

＊5　「だんだん村」は手塚治虫の漫画にあると子どもたちから聞いたが未確認。また、その実践の一端は、前掲「バザーとノートづくり―東京・だんだん村少年団」の他に、「葛飾の地域センター運動」や「地域のつながりと『だんだん村』の子どもたち」（いずれも『子ども会少年団』（『少年・少女を育てるために』が百五十三号から改称、通巻一五四号、一九七七年十一月十五日）で述べた。これらは私の名前で掲載されているが、実際は「だんだん村」を牽引し、当時『少年・少女を育てるために』、『子ども会少年団』を編集していたＭｊさんとの共著である。また、同誌掲載のイラストは彼女の次男の作品で、彼はその後、芸術大学に進み、画家となる。

湯の中で放屁をして、前と後ろに均等に分けて泡をつくることを競う遊びがあった。[*6] また、それぞれが放屁をして浮かんでくる泡の大きさを競いあうのもあった。ある時、一人の子が力を入れすぎて大便まで出してしまい、あわてて手ですくって、隠しながら流したということを、塾で大笑いしながら話していた。私が男であるため、女子からはこういう類《たぐい》の話は聞かされなかったが、やはり下町のおてんば娘という感じがした。

一般に、子どもは、おなら、おしっこ、うんちの話が大好きで、大喜びする。それは発達論的に重要である。[*7] 感覚や意識が意志へと発達し、これを支えるために内蔵、筋肉、神経なども発達しなければならず、それが幼児期のトイレット・トレーニングで現れ、次第に低減するが、思春期まで続く。これらは、その後、フロイトやエリクソンを学んで得た理解だが、その時に前記の銭湯の話を想起した。

学習塾

学習塾は中学生が対象だった。通ってくる子どもは、少年団とはいくぶん異なり、要求が違っていたためと言える。それでも、元気な点は共通していた。中には生徒会長で活躍していて、卒業してまもなくバイクで事故を起こし入院したようなＫａ君もいた。私はお見舞いに行ったが、どういう言葉をかけていいのか分からなかった。そのような状況で、私は習いたての「主体性」や「動機づけ」の理論を何とか実践しようとしたが、なかなかうまくいかなかった。

時には授業の途中で、電話がかかってきて、教室を離れ、しばらくして戻ると、机の上で踊っていたり、町工場だったなごりのむき出しの鉄骨の梁にぶら下がっていたりで、まるで猿が大騒ぎしているあり様だった。未熟な私は手がつけられず、どなるしかなかった。このような経

＊6　映画「男はつらいよ」シリーズでは、フーテンの寅を演じる渥美清が〝お前と俺はおふろのおなら、前と後ろに泣き別れ〟と言っている。

＊7　参考として、三谷栄一『古典文学と民俗』（民俗民芸双書二三、岩崎美術社、一九六九年）の「ちちんぷいぷい—呪文と古典—」で放屁、糞尿、雪隠への旧時民衆の感覚が述べられている（三八九頁以降）。また絵本では、五味太郎『みんなうんち』福音館書店、一九七七年、梅田俊作他『がまんだ、うんちっち』岩崎書店、一九八一年など。

験があるため、八十年代から指摘され、九十年代に話題になった「学級崩壊」には、問題の深刻さに共感するところもあったが、同時に教師が軟弱になったのではと感じてもいた。

チビ太

Ｍｊさんの家に前から「チビ太」[*8]と呼ばれる学習塾の先生が顔を見せていた。三〇代くらいで、自分の家で英語を主に学習塾を開いていた。ピアノが上手で、独学でかなり演奏できた。だんだん村に来たときはよく演奏した。

そして、Ｍ・ｊさんは彼にも「どぶ川学級」について語っていた。ところが、一年くらい後に、Ｍｊさんは「あいつはだめだ。私は切るよ」と言った。彼は、少年団活動はできない、しないと言い続け、Ｍ・ｊさんは見限ったのだろう。私も同調して強い口調で発言した記憶がある。その後、「チビ太」が顔色を変えて一、二度現れたが、次第に疎遠になった。そして、私は同調して強い口調になったのは、度が過ぎたと後悔した。彼は党員ではなく、塾は生計の手段で、子どもが来なくなれば、生活に大打撃を受ける。それを理解してもよかったのではないかと思った。Ｍｊさんもそう思っているところもあったが、口では「だから、あいつはいつまでたってもダメなのよ。チビ太って呼ばれてるくせに、本当に情けない（チビ太は六つ子のおそ松兄弟に一人でも引けをとらないタフな悪ガキ）」と言っていた。

＊8　赤塚不二夫の漫画『おそ松くん』のキャラクター。

高校生

Ｓｋ君を通して、農産高校、本所工業高校、葛飾商業高校、南葛飾高校（通称「南葛」）、葛飾野高校（通称「葛野」）、本所高校、小松川高校、小岩高校などの高校生と知りあった。セツルの高校生は私立高校が比較的多かったが、こちらではあまりいなかった。また、民青だけでなく、共産党についても抵抗なく話しができ、新日本出版社や新日本婦人の会などになぞらえて、「ぼくは新日本人だ」などと言う高校生もいた。

その多くが生徒会の役員をしていて、お互いに情報交換していた（これもセツルと違った）。そのため、生徒会役員の交流会を考えたが、それぞれの高校で圧力をかけられるだろうからと言われ、実施にまで至らなかった（たとえ実施しようとしても、次は民青において分派禁止で止めさせられただろう）。

このようなわけで、個々に生徒会の情報交換をしている中で、南葛高校のＮｓ君は「校長先生は理解を示していた」と語った。この校長は宇野一で、その名前を、後日、私は宮原誠一編『青年の学習―勤労青年教育の基礎的研究―』（国土社、一九六〇年）の第四章「定時制高校の教師」の執筆者として再び見出した。そして、Ｎｓ君が言ったことをもっと積極的に受けとめ、宇野校長の協力を引き出せばよかったと悔やんだ。

他方、ちょうど私の年代を境に世代的なずれがあった。これは先述したしっかり者の姉や兄と、甘えん坊の妹やおとなしい弟と同様であった。高校生たちの間では、レコードの収集、スポーツ用の自転車、アメリカン・フットボール、登山（本格的ではない）、コーヒーの美味い喫茶店などが話題になっていた。喫茶店には私も誘われて行き、確かに他と違うのが分かった。そこで私は初めてカプチーノ・コーヒーを知った（今と違いミルクコーヒーにシナモンスティックが付いていただけ）。私はブレンドを注文したが、高校生はあれこれ談義しながら選んでいた。

ただし、そういう高校生が裕福というわけではなく、自分で探したアルバイトで稼ぎ、小遣いにしていた。それでも、私やＭｊさんたちとは感覚や姿勢が異なっていた。セツルの高パートよりも積極的だったが、なかなか仲間を超えて地域や社会のためにという話には進まなかった。私が話そうとしたとき、高校生が少年団の子どもたちと山上たつひこの漫画『がきデカ』（一九七四年連載開始）で話が盛りあがったときなどは、全く付いていけなかった。

以上はだんだん村を中心とした実践で、次に高対部について述べる。母親が一人で苦労しながら育てた高一のＯｔ君がいた。彼は母親が共産党員としても活動していることを子どもの頃から見聞きして、共産党や民青に関心があったが、当の母親は、子どもが機関紙を読むのはいいが、活動までは賛成しなく、何よりもいいところに就職できるように願っていた。私は母親が帰宅する前に自宅に訪問し、短時間で話すことを繰り返した。Ｏｔ君も私の話をよく聞いてくれたが、苦労して育てた母に逆らうことはためらっていた。私もそれが人情だと思い、内心で思想的には母が間違っていると思いながら、それを口には出せなかった。そして「君が立派に就職し、母が安心したら、その時に活動を始めればいい」などと言った。しかし、このような対応は「拡大」に結びつかず、上は不満のようで、もっと意義を訴え、よく理解させるように指示した。

また、定時制高校を卒業し、働きながら活動する兄を尊敬し、自分も続こうと民青に加入した定時制高校生のＫｂ君がいた。兄弟とも集団就職で上京し、Ｋｂ君は四畳半一部屋のアパート暮らしで働きながら定時制高校に通っていた。彼は物事を実際に即して筋道立てて考え、それを言葉で表すことができた。その考え方は、前記のＮｓ君に引けを取らないと思った。しかし、彼は仕事と学業で時間的な余裕は少なく、また、全日制の高校生と現実が極めて異なり、私は両者の交流や共同の活動を考えたが、どうしても実現できなかった。

早朝の意志統一

新任の高対部長のＭｍさんは大張り切りで高校生の「拡大」を訴えていた。ところが、Ｍｍさんが張り切る余り、ついつい高校生にお説教する感じになり、高校生たちは密かに彼女を「Ｍｍばあさん」と呼んでいた。

Ｍｍさんは、高対部は次の日曜は早朝に意志統一して、一日みんなで大いに奮闘し、大いに成果をあげ、大いに躍進しようと提案した。それでは、どこに集まるかということになり、早朝でもみんなが集まりやすい彼女のアパートになった。彼女はますます張り切り、みんな絶対に遅刻しないようにと気合いをかけた。

早朝の意志統一は、Ｍｍさん以外は消極的だったが、やらねばならないという気持ちも確かにあり、みな時間通りに集まった。ところが、彼女の部屋のドアをノックしたところ、「ちょっと待って」という声がした。

しばらくして彼女が出てきた。おそらく髪を整え、お化粧をしたのだろう。そして「部屋が片付いてないので、外でやりましょう」と言った。私たちはあ然としたが、内心ホッともした。それは、長々とお説教され、これから出向いて「拡大」する者の名前をあげさせ、まず誰、次は誰と計画を出して、決意表明することがなくなると感じたからである。まさか、人通りのある道路でそんなことはしないだろう。

実際は、道路ではなく、近くの空き地に行ったが、Ｍｍさんの話は短く終わった。みな、押し黙って聞き、彼女が「今日一日頑張ろう」と言って終わると、さっと散会した。私は一人の高校生のところへ行き、二人で前もって約束していた彼の友人に会いに行ったが、すっぽかされた。高校生は「話と言えば『拡大』だと分かるから、避けられるんだ。もうやりたくないよ」

と言った。私はギクッときたが、その通りだと思った。その時の会話は記憶に刻まれている。

「そんなこと言うなよ」

「もうやらない。次なんか行くか。どうせいないか、居留守だ。こっちが行かなくて、アレッ来なかったのかと思わせた方がいいんだ。」

「待たせて失望させたらいけないんじゃないか。」

「あいつが失望なんてするかい。待たせたら、悪かったと言えばいいんだ。とにかく、もういやだ。絶対にいやだ。」

「分かった。分かった。」

「口先だけだ。もういやだ。」

「口先だけじゃない。これから高校生のサークルを活発にして、ぼくたちが話さなくても、向こうから来るようにする。」

「本当かい?」

「やるよ。やるから……。」

「……」

その後は雑談して、結局、次の「拡大」はせず、その日は終わった。他も似たり寄ったりで、大躍進とはならなかった。私は「口先だけ」と言われたので、意地でも「やったぜ!」と実感するやり甲斐のある活動を創り出さなければならなず、何としてもMjさんたちと頑張るぞと考えた。

青年労働者

青年労働者との出会いもいくつかあった。その多くは集団就職で上京し、炊事やトイレが共同の、狭くてうす暗いアパートや、町工場・事務所の上の小部屋などで暮らしていた。入浴は銭湯で、私も一緒に行ったこともあり、これが「金の卵」の生活であった。[*9] また、地元の青年の中には、町工場というより家に数台の機械を置いて朝から晩まで作業しているような労働者たちがいた。Mjさんに見習い、そのような青年や高校生にルイ・アラゴンの『レ・コミュニスト』などを語ろうと考えた。アラゴンの「教えるとは希望を語ること。学ぶとは誠実を胸にきざむこと」[*10] を読んだときは、これこそ実践すべきだと感銘したからだ。しかし、全く観念だけで、実際にやろうとすると浮いてしまいそうで止めた。それでも、スーツを着て、ネクタイを締め、「拡大」に励み、その数を上に報告するよりも、Mjさんたちとの実践に魅力を感じることを抑えきれなかった。

もちろん青年といっても様々で、中にはキラリと輝いている者もいたが、ヒッピーやヤクザの世界に足を半分くらい突っこんでいるような青年もいた。男性しか集まらない時には、若干卑猥な話になるときもあったが、その内容は大したものではなく、むしろ純真な方だった。それでも田舎者の私は話に付いていけず、耳を傾けながら黙っていた。内容は全く忘れたが、そういう話になったこともあったと記憶している。

社会や生活の問題を話しあおうと努力する者もいた。市民生協勤務の青年は四畳半と六畳と台所のアパート暮らしで、スチール製の大きな本棚二つに天井まで本を並べていた。その蔵書数は、私や周囲の学生よりもずっと多かった。彼（女）たちは、多くの青年が都会の様々な娯楽・享楽に呑み込まれる状況の中でも悩みながらサークルや労働運動、市民運動などで地道に活動していた。

*9　その一端は山田洋次監督の作品に描かれているが（例えばタコ社長の町工場の青年たち）、それでも映画という表現方法であり、現実はもっと深刻と言える。

*10　大島博光訳編『フランスの起床ラッパ―抵抗の詩集―』三一新書、一九五五年、一四〇頁。

無口な青年——方言と差別

青年たちの出身地は九州から北海道まで様々だったが、その中で東北出身の青年S君はかなり無口だった。それで、私は東北の人は無口なのだと思い、周囲も同じ受けとめ方であった。ところが、私は一九九一年から秋田で暮らし始めると、そんなことはないと気づいた。主に秋田、岩手、青森の北東北の人たちとつきあったが、特に酒が入ると（秋田は酒の消費量が全国一という）、とても明るく騒がしくエネルギッシュで圧倒された。そして、地元の言葉で話されると、私は聞き取れなかった。もっとも、秋田でも北部と中部と南部とでは、お互いに分からないと言ってるぐらいだから、広域的な集まりでは、私だけが困ることはなかった。

このような体験をする中で、十数年前に東京の下町で出会った無口な彼を思い出した。そして、彼は無口ではなく、「東北弁」で蔑視されて傷つくのを防ぐために無口になったのではないかと考えた。明確に計ることはできないが、全国の様々な地域語（方言）の中で「東北弁（東北でも様々あるが他からは一括して東北弁とされる）」が、一番「バカ」にされていたといえる。もちろん、自覚的な青年も私も同じ仲間だから共にやろうという姿勢であり、そのようなつもりはなかったが、当事者の彼は、それでも感じていたのだろう（残念ながら、当時はまだ差別や蔑視への意識が現在ほど高くなっていなかった）。

そのようなわけで、かつて「金の卵」を次々に送り出していた時代に、学校で子どもが「秋田弁」を話すと、罰としてバケツを持って廊下に立たせたという話を聞いても、現在の見方で判断してはならないと考えた。確かに、そこには自己卑下や自己否定があり、また体罰などすべきでないが、しかし、教師としては、教え子たちが将来集団就職したときに困らないように、傷つかないようにという切実な思いもあったと思われる。

そして、このように問題を深く考える上で、フレイレの解放の教育学や識字の実践から大いに学んだ。

海坊主の目に涙

サークルで知りあった青年のFさんに「おもしろいおやじのやっているラーメン屋」に行こうと誘われた。店に入ると、海坊主のような坊主頭のおやじがいた。Fさんは顔なじみのようで、おしゃべりを始めた。おやじはドスのきいたしゃがれ声をしていて、やくざの親分のようだった。おやじは私にも声をかけたので、自己紹介すると、「学生のくせに何でこいつらといっしょにやってるんだ」と聞いてきた。私は下手なことを言ってどなられないかとびくびくしながら、サークルについて話したら、「そんなものなど」と罵倒された。しかし、それで終わらず、どんどん自分のことをしゃべり出した。

もう店じまいの時間で、客がいなくなっても、私たちを相手に話し続けた。感情的で、飛躍が多かったが、要点をまとめると、彼は村の優等生で、東京の大学に入ったが、学生運動から政治活動に進み、村では「赤」の国賊などヤクザよりも悪いと見られ、親は自慢の息子が胸を張って故郷に錦を飾るのではなく、全く逆になってしまったと悲嘆に暮れ、その中で母が死んだ。これはFさんも初めて聞く話だった。

海坊主は「親孝行もできずに、国家や世界など語れない。親孝行か世のため人のためかの選択を迫られ、後者を選んだが、それが誤りだとされた」とも語った。これは六全協（一九五五年七月の日本共産党第六回全国協議会）に関係するらしいと、後で考えた。

こうして彼は村に帰れず、大学に戻れず、警察につきまとわれ、政治運動から閉め出され、さらに母を悲嘆の中で死なせ、坊主頭にした。その間に仕事を転々として、ようやくラーメン屋で生計を立てられるようになった。

彼が話しているとき、女房は黙々と働いていた。また息子たちが出たり入ったりした。「こんばんわ」と挨拶するぐらいだったが、暖かな感じを受けた。

彼は若い頃は詩も書き、サラサーテのチゴイネルワイゼンを聞くと感慨無量だと言いながら、店の奥の小部屋を見せた。小さな書棚とレコードがあり、チゴイネルワイゼンのレコードをかけた。メロディーが流れ、しばらく聞いていると、海坊主の目に涙が浮かんでいた。

その後、ラーメン屋に行こうと思ったが、行き方がよく分からず、また、Fさんはサークルに姿を見せなくなり、それきりになった。

学習サークル

「だんだん村」に高校生たちも集まるようになり、自然発生的に学習サークルができた。高校生の中には古在由重や高田博厚を読んでいるのがいた。受験学力は高くないが、自分の言葉で、哲学や美術について意見を言っていた。私は衝撃を受けた。

また、クラシック音楽に詳しいのが幾人かいて、バッハはイムジチだ、ベートーベンはフルトベングラーだ、いやカラヤンだなどと話していた。これに対抗して、中島みゆきの大ファンは、その魅力を力説していた。私は彼から教えられて、彼女の歌を聴きはじめた。他方、美術を目指す高校生などは、ドーミエの風刺画は鋭い、フランス共産党員のピカソの思想と芸術はどんな関係がある、ミレーの「晩鐘」、「落ち穂拾い」、「種播く人」が伝えるものは何か、ゴッホの「種播く人」の違いは何かなどと話していた。私はどれもよく知らず、大いに教えられた。

大学を出ても（卒業か中退か不詳）、仕事に就いていない年長の青年が来るようになった。英語と音楽が好きで、高校生とともに英語の勉強会をした。また、クラシック音楽を聴こうと、アンプを前に二つ、後ろに二つ置いて、レコードをかけた。初めて聴く立体音響で、みんな驚いた。しかし、しばらくしたら来なくなった。その後、「パラサイト」という言葉を聞いて、彼のことを想い出した。

「だんだん村」の他にも高校生の学習会を試みた。数学が好きで得意な高校生がいて、遠山啓の『無限と連続』（岩波新書、一九五二年）やコンスタンス・レイド『ゼロから無限へ―数論の世界を訪ねて―』（芹沢正三訳、講談社ブルーバックス、一九七一年）などを読みあった。私は書店でマルクスの『数学手稿』（菅原仰訳、大月書店、一九七三年）を見つけて、読もうとしたが、途中で放棄した。受験勉強までは数学が得意だったが、それ以上は進めなかった。私がこの程度だったためか、その高校生はしばらくしたら来なくなった。

また、青年サークルでは部落差別問題が話に出され、私も学ぼうとしたが、そこまで余力はなかった。何人かに聞いたが、都市化で既になくなっているということであった。ただし、これは共産党系の捉え方で、部落解放同盟系では異なるだろうが、当時は部落解放同盟系の人に会ったことはなかった。

バーンアウトに「ヤロードニキ！」

Ｍ・ｊさんは、ＰＴＡや学童保育運動に加えて、前掲『少年・少女を育てるために』（『子ども会少年団』）の編集をするようになり、子ども劇場設立の準備も始めた。「細胞」のようにあちこち動き回り、私にあまり説明せず、あれこれと指示してきた（説明したかもしれないが、私は捉えきれなかった）。私は「どぶ川学級」や「アソシエーション」を目指して、学習塾では猿のような悪ガキと悪戦苦闘し、また「マグソのキノコ（一〇八頁で後述）」のようにあちこち顔を出していたため、気づかないうちに落ち込んでいた。軽いバーンアウトになっていたと分析できる。

そのとき、Ｍｊさんが私の下宿に乗り込み、「何やってんのよ！」と叱りつけ、部屋に貼っていた女優のピンナップを目にすると、サッと引き剥がし、「何よ、これ。もう、しっかりしなさい」と言い残して、出ていった。私は呆気にとられて何も言い返せなかった。しばらくポカンとしていたが、それもそうだなと思い、引き剥がされたピンナップを拾い、ゴミ入れに捨てた。その女優は吉永小百合か、栗原小巻か、それとも他の誰か、今ははっきりしない（アイドルには魅力を感じなかった）。このように活を入れられて、バーンアウトはすぐに終わった。ただし、その後も一度あり、その時にはＮｓ君が来て「山田君、ヤロードニキ！」と励ましてくれた。「ナロードニキ」とかけた駄洒落だが、このユーモアが立ち直る契機になった。

葛飾子ども劇場

活を入れられながら、「どぶ川学級」（一九七二年）や「同胞」（一九七五年）の広報宣伝をした。駒場祭のように上映会や講演を開いたかどうかははっきりしない。何しろ、Ｍｊさんはどんどん進むので、こちらはヘトヘトになりながらやっと付いていくような感じだった。そして、子ども劇場が発足し、Ｈｚ君が引っ越した後に、その事務局が下宿の一階で活動を始めた。なお、二〇一〇年六月現在、「葛飾こども劇場」のＨＰがあり、その発足は、一九八八年とされ、また、所在地は私が下宿した住所ではないので、別の組織であると思われたが、確認のため、二〇一〇年八月から九月にかけて、X氏（一四一頁で後述）やM.jさんに問い合わせ、そして、以下のようなことが分かった。

M.jさん一家が引っ越し、中心的存在がいなくなったため活動が衰退したが、それでも教職員組合が続けていた。しかし、衰退に歯止めがかからず、自然消滅のようなった。その後、しばらく年数が経ち、会員であったHyさんに子どもが生まれ、再び子ども劇場をしようと声をあげ、そして現在の中心メンバーが仲間と共に立ち上げた。このようなわけで、現在のメンバーは以前の子ども劇場のことを承知しておらず、活動を引き継いでいるという関係も意識していないため、別の子ども劇場となっているが、継承関係を認めることができる。

共産党地域支部が継続的に発行する地域政治新聞「すいどうみち」

M.jさんの食卓では、時々、地域の政治や経済や生活の状況を取り上げた新聞「すいどうみち」の編集会議が行われていた。「党の支部で、新聞を継続的に発行するのはここぐらいのものだ」と自慢していたが、私としては、そんなものかと聞いていただけだった。

今から考えると、私はこの支部の所属ではなく、従って、その発行する「すいどうみち」の編集会議に同席すべきではなかった。しかし、みな気にしていなかった。それだけでなく、全くお構いなしに議論し、支部、地区委員会、中央への批判が飛び出すこともしばしばだった。「老ボリシェビキ」が少し気にしているようだったが、それも、今から思い返すと感じる程度だった。

なお、二〇一〇年八月四日に、共産党葛飾地区委員会に電話し、「すいどうみち」が続いているか問い合わせたが、最初に出た者は「知らないので、詳しい者に代わります」と応対し、次に出た者が「十五年くらい前に終わりました。今は地域政治新聞ではなく、後援会ニュースとしてやっていて、こういうのが多いようです」と説明した。

トッキュー

M・jさんの夫は、しばしば「どぶ川学級」について語り、よく「ドブキュー」と略していた。彼は時々「トッキュー」とも口にしたので、私は幾度も混同した。「南葛労働者」が彼の誇りであり、さらに、彼が闘った時代の話を何度もした。ただし、自分のことではなかった。『球根栽培法』（一九五〇年代に日本共産党が火炎瓶闘争などの武装闘争について記した地下出版物）も時々口にしたが、この言葉だけで、それ以上は何も語らなかった。

いつも晩酌をしていて、酔っぱらっていたので、よく意味が取れなかったが、迫力だけは伝わってきた。闘いで鍛え抜かれた「ボルシェビキ」や「プロレタリアート」というのは、こういうものかとしばしば実感した。彼は『鋼鉄はいかに鍛えられたか』（ウクライナの貧しい家庭に生まれた主人公が革命的状況下で故郷を占領するドイツ軍や白軍と戦う赤軍を助け、共産党員となり指揮官を務めるまでになるという小説）もよく口にしたので、私は文庫版で読んだ。

私の見るところ、彼は党の路線になじめず、闘志を持てあまし気味という感じだった。日本共産党が「細胞」を「支部」に変え、ネクタイ・スーツ姿で『赤旗』を勧誘し、選挙では票集めに「奮闘する」ということはどうしてもできなかったと言える。しかし、武装闘争路線がよかったとは一度も言わなかった。激論になり論理が飛躍するときでも、武装闘争などと口走ることなどなかった。

「トッキュー」は高校生たちも口にしていた。意味もある程度は分かっていて、話のはずみに一人が「トッキュー」と言うと、別の一人が「(言葉に詰まったように)ウウ、トッキュー」とか、「(驚いたように)ゲゲッ、トッキュー」などと応じていた。この愛称に危ういものを感じながら、避けたり、嫌ったりしてはいなかった。

高校生たちは徳田が中国に亡命した後に生まれたので、当然、直接知ってはいなかった。おそらく親や周囲から聞かされていたのだろう。下町の中小工場、さらには小さな暗い家に機械を置き、朝から晩まで汗と油にまみれてガチャンガチャンと動かすという労働者の記憶にその愛称が刻まれ、子どもたちにも伝えられていたのである。

なお、誤解のないように付記するが、私から「トッキュー」を口にすることはなかった。むしろその頃の徳田球一に関する知識はほとんど共産党の公式見解、欽定党史に沿ったものであり、積極的に取りあげるべきではないと捉えていた。このような私であったが、高校生たちの発言から公式見解、欽定党史とは異なる見方を教えられたのである。

またサークルで知りあった青年のT君のアパートを訪れたとき、本棚におもしろそうな本があるので、見せてもらうと額のはげた男の写真があった。私が「へえ、毛沢東だ」と言ったら、彼は遠慮がちに「トッキューだ」と言った。その口調はバカにするようなものではなかったが、間違えて恥ずかしかったため(東大生のエリート意識も根深く残存)、よく憶えている。T君が徳田球一を支持する者たちの仲間だったかどうかは分からない。少なくとも、サークルでの発言は激しくなく、むしろ目立たない方だった。当然、徳田について発言することはなかった。「所感派」、「国際派」という名称や区分は当時の複雑に錯綜した動きを余りにも単純化し、実状を捉えにくくさせるので、ここでは使わない。また、武装闘争路線の誤りを糊塗するつもりもない。志賀義雄が『日本共産主義運動の問題点』（読売新聞社、一九七四年、三〇四頁）で「積極果敢な革命家であった。しかし日本資本主義急激没落論者だった」と指摘するように、徳田も完全でなく、誤り、失敗したのであるが、それと裏切り（特に裏切ったのに隠し通すという悪質で謀略的な裏切り）は明確に識別しなければならない。

駅頭でのビラ配り

地区委員の要請で駅頭でビラ配りをした。しばらくして、駅員が来て駅の区域内だから止めるようにと言ったので、これでできなくなると思ったが、みな少し移動し道路で配り続けた。これを見て、私は駅の敷地ではないから文句を言われる筋合いはないので配り続けられるのだと理解した。実際、駅員は道路まで来なく、私たちはビラを配り終えた。

そして、このことをＭｊさんたちに話したら、さらに次のように説明された。道路ではビラを配る者の間隔が広がり、手渡せない人が出るが、駅員とやり合って大衆に悪い印象を与えるよりいい。ただし、道路で配ると、警察の管轄なので、次に警官が来て、交通妨害だから止めろなどと言うときがある。その時は、道路から駅の敷地内に移れば、そこは警察の管轄ではないから、警官の力は及ばない。もし、駅員と警官が同時に来れば、ビラ配りの中の数人がそれぞれ対応して、話を引き延ばし、残りの者がビラ配りを続ける。向こうも人目があるから、いきなり強硬にはならない。そして、状況が険悪になるころはビラ配りも終わるだろうから、頃合いを見計らって止める。もちろん、こちらが優勢なら堂々と声高らかに正当な政治活動だと訴える。たとえ人数が少ないときでも、大衆を我々の側に引きつけられると分かったら、やはり堂々とやる。この駆け引きと見極めが肝心だ。

私はそれを聞いてゲリラみたいだと思った。「負けるケンカなど、誰がやるか！」という民衆のしぶとさがあった。これは『孫子』「謀功』篇の「彼を知り己を知れば百戦殆うからず」の民衆的表現である。さらに、しぶとさだけでなくユーモラスなところもあった。これを私に説明する時の表情は、うれしそうに生き生きとしていて、当局との闘いをちゃっかりと楽しむというしたたかさも感じられた。そして、これがＭ.ｊさんたちの「平和革命」の実践であった。

そして後日、「被告で元気のいいのは、何と言っても、徳田球一君であった。弁護士の経歴もあるので論ぽうも鋭い。茶目気も十分なので、法廷で爆笑が起こるのは、いつも彼の発言からであった」という文章を読み[*11]、このことを思い出した。

ミヤケン

Ｍ.ｊさんの家に集まる仲間たちの議論の中で「ミヤケン（宮本顕治の略称）」も時々耳にしたが、そこに込められた感情は「トッキュー」とは違っていた。どのような文脈で口にされたのかまでは分からない。ただし、次の会話は記憶に刻まれている。

Ｍ.ｊさん「ミヤケンがあんなにふうに再婚したのは許せないわよ。（宮本百合子との）十二年の手紙は何だったの」

夫「あんなふうにって、どういうことだよ」

Ｍ.ｊさん「ふん！」

一同「……」

その時、私は宮本顕治と百合子の結婚しか知らず、再婚について初めて聞き、驚いたために記憶したのだと言える。さらに、文字にすれば前記のとおりだが、Ｍ.ｊさんの口調はとても強

＊11　角田儀平治「我が弁論の思い出」豊多摩（中野）刑務所を社会運動史的に記録する会編『獄中の昭和史――豊多摩刑務所』青木書店、一九八六年、三二一頁。

かった。

後日、ミヤケンの再婚相手は百合子の秘書で、百合子が急逝した夜に、ミヤケンは百合子の秘書の大森寿恵子と過ごしていたことを知り、この会話の意味が極めて深長だということに気づいた。Mｊさんは学生運動時代からの関係で党本部にも知りあいがいて、党本部にも出入りしているようだった。そのため、「ミヤケン」について、通常では知り得ないことを知っていたと思われる。*12

私は、このことが記憶に刻まれていたため、その後、治安維持法の弾圧を調べるなかで「ミヤケン」の獄中非転向に疑問を抱くようになった。女性を裏切って平気でいられる人物が思想を裏切らないだろうかという疑問である。「英雄色を好む」というが、「英雄」は美化、神話化されたもので、権謀術数や謀略に長けていなければ「英雄」にはならない。まして、「ミヤケン」は「英雄」のイメージにほど遠く、なおさらである。

なお、この点については「記憶の風化と歴史認識に関する心理歴史的研究―抵抗と転向の転倒―」（『社会教育学研究』第十二号、二〇〇七年）や書評「小林多喜二『党生活者』―『蟹工船』とともに」（『季報唯物論研究』第一一〇号、二〇〇九年）などで考察を示したが、まだ部分的であり、今後も続けていく。

新日和見主義批判の考察（二）「残党」

「新日和見主義」の言葉は、民青地区委員会の事務所（一戸建て平屋の借家）の本棚で見た記憶がある。前掲『査問』一七七頁で取りあげられている『新日和見主義批判』だと思う。ただし、出入りしていた青年たちが読んでいた様子はなく、ずっと本棚の同じ場所にあった。

*12 参考までに、上原専禄が国民文化会議議長や国民教育研究所研究会議議長を辞職し、一九七一年には娘だけ伴い宇治で隠遁した事情も知っていたようだが、それを聞いた私の知識が全く不足しており（当時、上原の著書は未読）、すっかり忘れている。誤解ないよう付言しておくが、これは全く別の時で、百合子のこととは無関係である。その後、上原の『クレタの壺』（評論社、一九七五年）を勧められ、読んだ。上原が「序」で「読書」が「娯楽」から「禁欲」、「闘争」へと変化したと書いたことに共感したが、その次に「回向」となったという点は分からなかった。今では、アウシュヴィッツや南京や天安門事件に関わる私の「読書」は、彼の「回向」に近いと思うが、やはり隠滅、美化、忘却、風化との「闘争」でもあると考える。

また、この言葉を耳にしたこともある。地区委員会で青年たちが「新日和見」、「シンヒヨ」と声をひそめて語りあっているのを、そばで聞いた時であった。それだけだったが、聞き慣れず、また普段と違い、緊張した雰囲気があったので記憶に残ったと思われる。しかし、その意味は全く見当がつかず、分かったのは『査問』を読んでからである。このことから『査問』では一九七二年で決着がついたとされているが、それは党と民青の中央のことであり、地区のレベルではまだ余震や効果（威嚇）が続いていたと言える。

なお、川上は「一般社会の人々にとってはなかなか分かりにくい」と書いているが（『査問』一八三頁）、私の知る限り、地区の民青や党員で分かっていたのはいなかったと考える。毎日『赤旗』を隅々まで読了していた党員たちの捉え方については、一一一頁で後述する。

その上で、小林トミは一九七六年一月と記された「『なんとか団』残党」[*13]で、「残党」だが「熱気にあふれた」青年のサークルがあったと述べていること注目する。この「残党」が何の残党なのかまでは不明だが、やはり「新日和見主義批判」との関連について考えざるを得ない。何故なら、葛飾では学生運動はなく、新左翼系セクトの活動も聞いたことはなかった。政治運動で言えば、共産党、社会党、公明党（創価学会）などで、従って一九七六年の時点で「残党」となる要因として「新日和見主義批判」の可能性は高い。

新日和見主義批判の考察（三）「とにかくだめだ」

サークルや少年団活動が広がり、他地区との交流が生まれると、高校生たちがお互いに民青だと知るようになった。そして、もっと交流しあおう、そのために集まろうと話が進んだ。私は葛飾を越える活動になり、これは発展でいいことだと都の高対部に知らせたら、「だめだ。

＊13　『集団―サークルの戦後思想史』平凡社、一九七六年所収。

分派活動になる。組織を超えた活動はできない。新日和見主義だ。シンヒヨだ」と言われた。私は呆気にとられた。あの高校生に「分派」を作れる考えも力量もないからである。生意気で、騒がしくて、扱いづらいが、基本的に素直であった。しかも、政治についてはほとんど分かっていなかった。また、扱いづらいのは若い反抗期だから当然で、このことは当時の私でも分かった。

そのため、私は「新日和見主義」とは何ですかと尋ねたが、「新日和見主義で、分派になるから、とにかくだめだ」ということだった。説明になっていないのは分かり、その口調も高圧的だったので、「分派はだめだが、人の縁談をぶちこわすのはいいのか（六一頁で先述したMr副委員長のこと）」と思ったが、口には出さなかった。既に、平等を思想の根幹としながら、実体では地区と都には上下関係があると分かるようになっていた。

そして、彼とはそれ以上話をせずに別れ、後日、高校生たちには無理のない範囲でまず地域にエネルギーを集中しようという内容の話をした。ただし、態度でも口調でも、黙認するということが伝わるようにした。高校生たちのエネルギーを抑えつけるべきではないと考えたからである。どうしても、私としては上よりも下を重視する性向がある。だからこそセツルに向かったのであり、これは変えようがなかった。

また、私は彼を軽蔑、嫌悪していたのだろう。彼の名前を思い出そうとしてもできない。嫌なものを無意識の奥底に抑圧したと分析できる。彼は私が民青に入ってすぐに関わった、人生において重要な人物であり、会議などは亀有駅近くの彼の家でしていた。彼の家には母屋と別にプレハブの小さな離れがあり、彼はそこを活動拠点にして、選挙の時には「終わったら、警察に家宅捜索されるかもしれない」などと言っていた。これらを記憶しているのに、どうしても名前を思い出せないのである。

新日和見主義批判の考察（四）　マグソのキノコ

高対部の私がサークルなどで青年労働者に関わることは、地区委員会としては好ましく思っていなかった。それを薄々感じていたが、ある時、農村出身の地区委員が「マグソのキノコなんか止めた方がいい」と忠告した。どういう意味かと尋ねると、馬が落とした糞からキノコが四方八方生えてくることで、やたらとあちこち顔を出すのはよくないと説明してくれた（昔はあちこちにマグソが落ちていたので、やたらとあちこちに出ることを指すという説明もあるが、私が聞いた説明は前者）。

その時はただ単に、出しゃばりで顰蹙を買ったのかと思ったが、その後「分派」について自分でも経験してから、彼はそう思われるから止めろと忠告したのだと気づいた。そして、気づいてから、彼は他の地区委員と「シンヒヨ」について話していた後で、私の方を向いて忠告したことを想い出した。

「ひとり風魔だ」

青年労働者のK・i君と気があった。最初は地区委員会の事務所で会って、挨拶し、その後、集会で顔を合わせると、雑談するようになった。住むところも近く、彼が私の下宿にきたとき、本棚の五味川純平の『人間の条件』に興味を示したので、貸したり、私が彼のアパートに行ったときは、白土三平の『忍者武芸帳』や『カムイ伝』、『カムイ外伝』を貸してもらった。そのとき、K・i君は『カムイ伝』第一部の「蔵六屋敷の巻」第四章「不穏」の中で、百姓の「ゴン」

が「おらは強くなるぞ／強くならねばなんねえだ。／男は戦って勝つときもあれば／まけるときもある。／だが悲しんではいられねえだ」と語っているところを開き、指さした。

彼がどこの出身か（東北だったと思う）、どこで働いているのか記憶はない。おそらく、当時も聞いていなかったと思う。ただ青年運動で出会い、黙々と実践していたが、気があい語りあっただけである。語りあったと言っても、お互いに口数が少なく、しばらくしたら、「それじゃあ」と別れるようなものだった。

ある晩、私が彼のアパートを訪れ、雑談したとき、彼は白土の『風魔』を取り出し、少年忍者が「忍びの生活と権利を守る」組織の「風魔」を除名されても、「ひとりになったっておいらは風魔！　ひとり風魔だ」と表明する頁を私に示した（第七章「月影」）。その時、彼が何か言ったかどうかははっきりしない。普段から口べただったから、何か言っても、短かっただろう。

その後、彼とは会わなくなった。職場が変わったのか、故郷に帰ったのか、何も分からない。ただ、最後に会ったとき、「ひとりになったっておいらは風魔！　ひとり風魔だ」という頁を私に示したことが、今でも記憶に残っている。その時に強く感じたからではない。しばらくして想い出し、そして三〇年以上経てもなお忘れずに、記憶に刻みつけられている。そして、彼の人柄を考えると、どこにいても、たとえ一人になっても「生活と権利を守る」活動を続けていると思っていた。

さらにその後、前掲『査問』二〇七頁に紹介された高野（香月）の文章の中の「たった一人になっても」を読んで、K・i君を想い出した。ただし、高野の「自己完結的な革命家」や「大衆の先頭に立って」という点では違和感を持った。おそらくK・i君もそうだろう。

新日和見主義批判の考察（五）「やれば分派にされるぞ」

「新日和見主義」の言葉を、他の場でも耳にしたことがある。記憶では、Ｍｊさんの食卓となっているが、曖昧である。しかし、以下のような議論をするのは、「細胞」のようなＭｊさんたちの他にはいなかった。

議論が、議会で多数派となって平和的に革命を達成するという議会主義、平和革命の路線について、〝選挙で勝てばいいのか、選挙運動をやればいいというのなら他の政党と変わらない、大衆の中で、大衆の要求を汲み上げ、その実現のために奮闘し、その結果、選挙で勝つとなるべきだ〟となり、〝自分のなすべき活動をさらに発展させるべきだ〟と続いたときに、〝そんなことをすれば「分派」とされるぞ〟という指摘が出され、〝そんなことはない。これこそ党のためになる〟と応じた、という展開の中で「新日和見主義」が出たと記憶している。

それぞれの発言を誰がしたのか、憶えていない。地域教育文化運動に邁進していたＭｊさんに対して、党籍は保ち、『赤旗』は毎日しっかり読了していたが、党活動はいっさいしていなかった夫の指摘という可能性が最も高いと考えられるが、その家に顔を見せる他の「党生活者」も言いそうなことであった。そして、この議論がＭｊさんの食卓でなされたか否かに関わらず、そこで頻繁になされていた活発な議論を、もし党中央が知ったら、まさに分派で、「新日和見主義」と見なすだろう。

さらに、時々「トッキュー」を口にする夫が活動を再開するならば、やはり分派とされるに違いない。逆に言えば、それが十分に分かっていたので、彼は党費を納め、党籍を保ち、『赤旗』を毎日読了し、夜は酔うままに誰とでも議論していたが、党活動は全くしていなかったのであろう。私はそこに鬼気迫るものさえ感じた。

これに「意義と任務の桁なんかでやりたくないね」と言い放つＭｊさんが絡むと、議論は次第に白熱してくる。しかも、二人とも飲みながら論争するから、合意や結論に至ることなど全く期待できない。それでも、次第に酔いが回り、十分に出来上がるので、結局は勝負つかずの痛み分けで就寝するというパタンだった。

二、学園

文学部社会学科（一） えこひいき？

セツルを通して社会への関心を強め、文学部社会学科に進んだ。書店で東大出版会の「社会学講座」全十八巻や青木書店の「現代社会学大系」全十五巻などを目にして、いくつか読んだが、よく分からず、専門課程でしっかり勉強しようと思った。

教員の授業を選ぶに際し、学生が〝福武さんはもう年で、時代遅れだ。青井さんは仏だから楽だ〟などとおしゃべりしていたのを聞いた。それでも、私は、福武直教授が日高六郎と「現代社会学講座」（全六巻、有斐閣）を監修し、その中に第Ｖ巻『人間形成の社会学』（作田啓一編、一九六四年）もあるのでゼミに出た。しかし、ゼミは農村社会学がテーマであり、東京の下町をフィールドにしていた私は合わないと考え、授業は取らなかった。勉強不足で「農村」と「時代遅れ」を結びつけて判断したこともある。

青井和夫教授は「仏」なので物足りないと思い、全く考えなかったが、その後、確かに「仏」であると実感し、救われる（一六八頁）。また、高橋徹教員は全共闘側だと聞いたので、どのような話をするのか知りたいと授業に出たが、時流の変化に適応し、アメリカのカウンター・カルチャーの話ばかりで、学生運動には触れず、巧みに過去から離れようとしていた。そして、富永健一教員は社会変動論で知られていたので、彼を選んだ。彼は総長補佐で、体制側だとも言われていたが、体制側とはどのようなものか知りたいと考え、彼を選んだ。しかし、それは甘かった。

私は学問の自由や大学は真理を探究する場という考えを素朴に信じていたので、ゼミでは教員と異なる意見を出した。もちろん、私は学生として控え目にしていて、うまく内心（思想）を隠していると思っていた。しかし、それは未熟な青年の考えで、言葉の端々や態度に現れていたのであろう。社会変動論の知識を見せることと、社会変動を論じることの違いを理解していなかったことも問題であった。後で振り返ると、教員と異なる意見どころか、自分の感想を言うゼミ生は他にいなく、とても目立ったと思わされる。授業の終盤で、どう考えても他の学生と同じようなゼミ・レポートがCとされた。

テーマは自由だったので、彼が授業で取り上げたコンドルセについて書けば評価されるだろうと考えて、ルソーからコンドルセへの社会観を概観し、コンドルセの『人間精神進歩の歴史』（角川文庫、一九六六年）を軸に、彼がフランス革命に参加するが恐怖政治に進む中で逃亡するものの逮捕され牢獄で死体となって発見されたという思想と実践を関連させてまとめた。私としては、彼の講義の内容に反しないと思っていたが、Cとは驚いた。

このレポートの返し方も記憶に残っている。他のゼミ生には笑顔で誉めて、私になると表情が変わり、簡単に釈明するように〝一般的なことしか書いていないから〟と言った。いくら鈍感な私でも、この差は感じた。

文学部社会学科（二）　授業への失望①

富永教員は社会変動よりも高田保馬の社会学の意義を強調した。それで私は高田について調べ、下村湖人の『次郎物語』や戦前の青年運動に関連があることを知り、これに即して理解を深めようとして、その考えをゼミで言うと、彼が不機嫌になったのを感じて止めた。その後、戦前に高田は京都帝大教授になり、一九四三年から民族文化研究所長を務め、そして、戦後は一九四五年十二月十二日付『赤旗』で「戦争犯罪人」として「学界」の中の一人に挙げられていることを知ったので、そのためかと思った。

彼はタルコット・パーソンズも称揚した。授業では彼の社会システム論を取り上げていたが、それを社会変動論に結びつけるところは釈然としなかった。今から考えると、私は変動とは人々が自分で推し進めるものと思ったが、彼は大勢＝体制の赴くところと考えていたためと言える。当時の私でも、大勢＝体制の赴くところは結局は上から人々に与えることだと分かったので、私の発言は彼を批判することになったのだと思う。

彼はまた、パーソンズを理解するためにはマックス・ウェーバーが重要だと、その原著を輪読させた。その内容は、これまで述べたことと同様なので、繰り返さない。ただし、ウェーバーは重要と思い、大塚久雄の『社会科学の方法―ウェーバーとマルクス―』（岩波新書、一九六六年）や『社会科学と人間』（岩波書店、一九七七年）、高島善哉の『社会科学入門―新しい国民の見方考え方』（岩波新書、一九五四年）や『マルクスとヴェーバー―人間、社会および認識の方法―』（紀伊国屋書店、一九七五年）などを読み、学ぶものが多かった。高島はＭｊさんが勧めた。そして、マルクスとウェーバーを比較考察する上で、実践、闘争の位置づけが重要と考えるに至った。

後日、パーソンズが医療社会学として役割行為論を医療に適用し、病人とは、回復のために努力し、専門的援助を求め医師に協力しなければならない役割があるという病人役割論を述べたことを知ると、ゼミ教員の指導に従わなくて良かったと心底思った。人間が病人という役割を与えられるとは、余りにもひどい考え方である。病気（そしてケガ）で苦しむことは役割などで捉えきれない。患者の苦しみのなど考えようとさえしない、高踏的で超然的な見方で、これは客観的な認識とは異なる。そして、パーソンズについては文章でしか知ることができないが、彼とはゼミで毎週会っており、同様に高踏的超然的な観点を感じていた。

やはり後日、イヴァン・イリイチの『脱病院の社会』を読み、また〝寝たきり老人〟ではなく〝寝かせきり老人〟の問題を知り、パーソンズや彼の社会学など全く意義を認めることはできないと再確認した。

また、住民運動の編著のある似田貝香門教員の講義を受けた。しかし、著書の内容と、彼が話すことのギャップを感じ、失望した。その後、二〇〇三年に、一度も現地に行っていないのに現地調査をまとめたことなど、科研費の不適正な会計処理の責任を取り、彼が副学長を辞職し、翌年には停職処分を受けたことを報道で知り、やはりと思った。

吉田民人教員は何も持たずに講義し（当時は一時間五十分）、私は驚愕しつつノートをとったが、今憶えていることは何もない。次々に言葉が出される詰め込み教育の延長で、自分で考えるものではなかったからであると考えている。

庄司興吉教員は自著を手元に置きながら、やはり一時間五十分も話し続け、ノートをとるのに苦労し、途中から止めた。話すことが著書と同じだから、それを読めばいいと思ったからだ。ところが、彼が「市民のための社会学」を提唱していることを知り、もっと意欲的に聴講すればよかったと反省している。

そして、反省をさらに進め、自分の授業を省みると、やはり学生は失望しているのではないかと恐れる。そのため同じ轍は踏まぬように、授業を改善し、学生が自分で考え、講義内容を少しでも憶えているように努めている。

民青は地区、共産党は大学に所属

私が民青に加盟したことを東大の党員が知り、そちらから声がかかった。東大で活動するように勧めたが、私は学生運動は苦手だった。チラシや立て看の文章やマイクで訴える演説とはどうしても合わなかった。

ある夜、共産党について話そうということで呼び出された。どう見ても学生とは見えず、少なくとも三〇代にはなっている男性（Ｍｎ氏）が現れ、農学部のキャンパスまで移動し、一室に案内され、話を切りだされた。彼は情勢から説き起こし、君はやるべきだと言った。そう言われると、やらねば無責任かと感じた。また、民青加盟の時とは違い、『赤旗』を読むようになり、共産党について知っていると思った。ただし、他の政党と比較したわけではなく、一面的だと分かっていたので、もう少し勉強してからにしたいと言うと、民青の時と同様に、共に活動しながら勉強すればいいと言われた。そして綱領などの冊子とともに書類を出されて、これを読んで、あれを書いてというように運んだ。はっきりとした順序があったのではなく、短時間にさっと進んだ。後から考えると、共産党の綱領などを読み、同意して入党したという手続きになるが、正直に言って、その時はこのような自覚はなかった。

このような私だから、民主集中制の組織原則など極めて浅い認識で、所属では民青は地区、党は大学というズレが生じた。私は書類に記入するときも、活動するのは地域でやりたいと表明し、それをMn氏は認めたのでこうなったが、現実のものになると、大学の党組織は山田は大学で何もしていないと見ることになる。つまり党員としてふさわしくない。

しかし、その後に現れた党員は面と向かってMn氏の約束を反故にするまではできなかった。そして、どうして東大でやらず、地域でやろうと思うのだと不審そうだった。[*14] 私の方は学生運動が苦手だからと率直に言うことはできず（個人を党に優先させてはならないことぐらいは分かっていた）、地域でこそ自分の力を発揮できて貢献できるなどと説明した。結局、私が考えを変えないので、上は扱いかねのだろう、しばらくしたら党籍を大学から地区に移し、民青と党の所属を一致させることになった。

その後、ソ連や中国の党内抗争や粛清を知るようになり、私のような者は、不審から疑惑へ、疑惑から査問へ、そして、修正主義、分裂分子、プチブル個人主義等々と糾弾されて、処断されたに違いなく、まことに日本でよかったと思った。

＊14　ハタ坊は民青の学生と議論し、東大は官僚の養成機関だから、民主連合政府と言ったところで、お前たちはその官僚になろうとしているのだろうと指摘したという（前出、八月三一日の聞き取り）。これに即して言えば、東大ではなく、地区の党組織を選ぶことは愚の骨頂と思われたのだろう。

所属のズレは続いた？

大学の党組織から連絡がなくなったが、党籍の変更など正式に伝えられたことも、地区で党の会議などに参加したこともない。おそらく、一五五頁で後述する「査問」は、民青の元地区委員長（退任したばかりで）のMeさんが行ったので、民青地区委員会の班に所属していたと思われる。そして、地区事務所でうち合わせなどをしたときに、併せて班の会議もしたことになったのだろう。

しかし、これは今から考えて思いつくことで、当時は無頓着だった。私としたら、党活動は

Ｍｊさんたちとしていて、それでヘトヘトになる程だったが、とても生き生きとして充実していた。逆に、他のところでは、常に「党中央」が背後にいて、その監視（実は自己監視）で発言しているようだった。そのため、党籍が異なるＭｊさんたちと力を合わせて活動したが、これはまさに民主集中制から逸脱した分派的な行動であった。しかし、そのようなことは、私は気づかず、またＭｊさんは気にしていなかった。

開票前の投票箱の開封

文学部学生自治会の選挙でゴリたち新左翼系と民青系が拮抗していたとき、四年次のＴｓさんと三年次のＹｇさんが、夜遅く相談があると私を呼びだした。選挙の投票状況で、投票箱を開けて数えたら、民青系が危ういので何とか得票数を増やす努力をしてほしいという話だった。投票箱を開けただけで、他に何もしていないし、過激なトロツキスト暴力学生集団から大学を守るためだから、理解してくれとも付け加えた。

私はあ然とした。確かに暴力は反対だが、どうして新左翼系が支持されているのか考える必要がある。しかし、彼らと議論する時間はなく、また二人が日頃からとても真面目な人物で、この時も真剣であることが実感できたので、非力だけれどできるだけ働きかけると答えた。まじめだが頭が堅いので、議論しても無駄だという判断もあった。

しかし、この対応がまちがっていたことは、その時から感じていた。何もしていなくとも、投票箱を開けたこと自体が問題であり、指摘すべきだった。しかし、そうしなかったことについて分析すると、それはまず私の性格の甘さのためだと自覚している。次に、民青系の相手が、ゴリのような学生の集まりで、どっちもどっちだとも感じていた。彼の人柄は愛惜すべき面もあるが、全面的には賛成できない。さらに、そもそも学生自治会といっても、もはや大したことなどしていなく、どう転んでも変わりはないとも感じていた（その後、学生自治会自体がなくなる）。

それでも、このことは繰り返し思い出された。無記名秘密投票で、投票終了後に公開の場で当事者の立ち会いのもとに開票し、得票数を確認して、当選者を決定するということを崩すとは、民主主義の根幹を揺るがす。〝投票箱を開けただけで何もしていない〟と〝何かする〟は確かに違うが、その距離は短いと言える。一つ隠れて行えば、隠れた行為がさらに進むようになる。実際、様々な全体主義国家の民主化の中で投票において不正行為がしばしば指摘されている。当の二人の名前は今でも憶えているが、彼らが真面目で真剣だったことは十分に分かるので、ここではアルファベットの略称を使っている。真面目で真剣だからこそ恐ろしいということも理解しているが、私も若く、彼らも若かった。さらに、彼らも上から指示されて動いたのかもしれない。

そのうちのＴｓさんには、その後、私が旧ユーゴスラヴィアのベオグラード大学に留学したとき（一九八三年冬）、ベオグラードで再会した。彼は『赤旗』記者となっていた。私は彼が哲学を専攻し、大学院に進んだと思っていたので驚いた。

その後、彼が中央委員会の国際関係部門に所属していることを知り、ユーゴ関係などの情報について問いあわせた。彼は、私が党を離れたことは承知していただろうが、ベオグラードの時も、帰国後も、私の質問にはいつでも対応してくれた（最近では中国関係でも）。私はそこから彼の誠実さや暖かさを感じている。今でも、開封して票数を数えたが、それ以外は何もしていないと信頼している。

第四章

一九七六年を中心に

一、地域

新日和見主義批判の考察（六）　民青の大会と「共産党のみちびき」

私は民青の葛飾地区大会の代議員となった。そして、やはり代議員となった高校生と代議員大会に出席した。その時に来賓で登壇した都委員は、繰り返し繰り返し、くどいほど共産党の指導を連呼していたことを憶えている。電気仕掛けのように首を振り、絶叫というより悲鳴のような声で共産党の指導を訴えていた。私と一緒に出席していた高校生たちには、〝自主的な組織と聞いていたのに、どうして共産党の指導を強調するのか〟などととまどう者や、笑いを必死にこらえる者もいた。こらえきれずに吹き出し、周りから冷たく睨まれる高校生さえいた。

その後、第十四回全国大会を前にして、Ｍｅ地区委員長から、大会にベトナムから青年同盟の代表団が参加するので、そのボディガードとして付き添ってもらいたいと言われた。[*1] 彼は、他に当たったがみな労働者でまとまった休みは無理で、学生の私なら代表団が日本滞在中ずっと付き添えるだろうと依頼した。その間の食事や宿泊費は民青が出すし、ホテルに泊まれるぞとも言われた。ホテルに泊まるというのはまだ経験したことがなく、大会や中央、そしてベトナムにも関心があったので引き受けた。[*2] そして、指示されたところに行くと、他から来たのもみな学生だった。ボディガードを引き受けるに際して、Ｍｊさんたちはそんなの止めろと言ったが、前述のような関心から引き受けた。危険なことは起きなかったが、周囲の忠告通り、しなければよかったと思った。ベトナム代表団とは、大会とは、中央とはこんなものかという感じだった。私としては、地域で頑張る方がはるかに合っていた。

＊1　『民主青年新聞』一九七六年四月七日号では、ベトナムからホー・チ・ミン労働青年同盟と南ベトナム解放青年連合会の代表団が参加したと記されている。他にフランス共産主義青年運動代表も参加した。交流会の時（ベトナム代表団はフランス語を使った）、フランスの青年運動代表はフランス共産党第二二回党大会（七六年二月）の文書を配り、私も受けとった。私はフランス語の勉強も兼ねて読んでみたが、後日、アルチュセールの『共産党のなかでこれ以上続いてはならないこと』（前掲）を知り、私の読み方は極めて浅かったと気づかされた。

＊2　それまで『ベトナム戦争―サイゴン・ソウル・東京―』（岩波新書、一九七二年）などを読み、反戦デモにも参加した。石川文洋写真、ベトナムに写真集を贈る運動委員会編『ベトナム解放戦争』（一九七七年一月）の出版、映画「トンニャット・ベトナム」（山本薩夫監督、日活労働組合＝日本電波ニュース社、七七年四月）の制作支援運動、ベトナム人民支援日本委員会（議長古在由重）「ベトナム復興・建設支援・べ

特に印象に残っているのは、三月二七日、福重泰次郎と浦田宣昭の新旧委員長の挨拶だった。私は代議員ではなかったが、舞台裏から聞いていて、繰り返し繰り返し共産党の指導を強調し、次第に悲痛な訴えのようになった。[*3] 当時は川上氏たちへの査問と処分を知らなかったので、それだけ共産党に助けられたので恩義に感じているのだろうが、度が過ぎて滑稽じゃないかと感じていた。そして、『査問』を読んでからは、それに不安や恐怖も加わっていたと分析するようになった。宮本顕治はこのようにして党の支配を確立したのだろう。

キャンプの反省

一九七六年には「新・どぶ川学級」が公開され、その広報宣伝をした。上映会までしたかたどうかは曖昧だが、その頃に見た記憶はある。M・jさんは相変わらずすごいペースで活動し、私は後を追っかけていた。その中で次第にM・jさんの目的、構想を理解できるようになった。ソ連のピオニール、中国の少年先鋒隊などを踏まえながら、独自に葛飾の現実に立脚して子どもを組織化し、体制の詰め込み教育ではない、子ども自身のための教育を広げ、「アソシエーション」を作ろうとしていた。それは、子どもが不本意な自分になるのではなく、試行錯誤や切磋琢磨を通して本来の自分を見つけ、そのようになるための自己教育であった。

　また、自分のところで少年団活動を進め、子ども劇場を通して子どものための文化を広げながら、この活動を親や子どもに知らせ、各地に少年団をつくろうとしていた。そのために、演劇の公演や映画会の開催だけでなく、夏休みにキャンプと青空学校を計画した。そこに少年団も参加するが、各地から個別的に参加を募り、数日間で集団活動を経験させ、それを少年団へと結びつけようとした。しかし、私も、ジュニア・リーダーを期待される高校生も全く経験が

トナムの子どもたちに学校用品を贈る運動」などに関わり始めていた。『ベトナム解放戦争』出版では少額だがカンパし、写真集に私の名前があるのを高校生たちに見せたら、感心していた。これからさらにやろうと思ったが、続けられなかった。

＊3 前掲『民主青年新聞』一九七六年四月七日号では、福重泰次郎新委員長が挨拶で「大会の諸決定を実践する」、「民青同盟の半世紀の不屈の伝統を守りぬく」、「共産党のみちびきにしたがい中央委員会の団結と民主的運営をはかる」と述べたと書かれているが、その重点は「共産党のみちびきにしたがい」であり、また浦田の挨拶は書かれていないが、同様であった。

なく、この年に独自に実施することはできなかった。そのため、全国組織の少年少女センターが実施したキャンプに参加した。

それはセツルと違い、内容が充実していたが、私は未経験のため、悪ガキたちを全体のプログラムに合わせようとつい強圧的になり、うまく行かなかった。悪ガキたちも不満そうで、反省の多い体験だった。

「老ボリシェビキ」のアドバイス

「老ボリシェビキ」は時々M・jさんの家に現れ、私と顔を合わせることが何度もあった。挨拶程度で、ほとんど会話はなかったが、私に冷淡ではなかった。M・jさんの食卓で、夏の青空学校では子どもでもできる公害の調査という実践をするにはどうしたらいいかと話しあっていると、気象学的なアドバイスをしてくれた。また、参考になる文献などを教えてくれた。[*4]

彼はいつも冷静で知的だったが、風格はおだやかな中にも百戦錬磨の老兵を感じさせていた。そして、この「老ボリシェビキ」だけでなく、他の協力もあり、キャンプでは反省ばかりだったが、青空学校は何とかやり遂げた。さらに子ども劇場が中心になって取り組んだ秋の「子ども祭り（名称は不確か）」には百名以上の親子が集まり、地域の話題にさえなった。

夢遊（二）　チーズとのおしゃべり

私は地域の活動に自分の生き方を賭けようとしたが、学生であることを止めず、中途半端で、マージナルであった。高校生や青年労働者や「党生活者」たちと語り合うことは有意義だったが、無意識では満足していなかったと思われる。また、一九七四年に父が脳血栓で倒れ、その

＊4　神山恵三の『気象と生活』（岩崎書店、一九五四年）や『健康の設計』（大月書店国民文庫、一九七五年）、宮本憲一の『公害と住民運動』（自治体研究社、一九七〇年）や『地域開発はこれでよいか』（岩波新書、一九七三年）等。大学院に進んでから『地域開発はこれでよいか』の結び二三六頁にある「日本列島の未来は、住民の自己教育を土台とした地域の自治体運動にかかっている」を、宮原誠一編『生涯学習』東洋経済新報社、一九七四年、第三章「環境問題と生涯学習」一二七頁で、阿久津（佐藤）一子が引用しているのを発見した。また「労ボリシェビキ」から「沈黙の春」という言葉も聞き、やはり大学院に進みレイチェル・カーソンの『沈黙の春—生と死の妙薬—』（青樹簗一訳、角川文庫、一九七四年）を読んだ。これらは彼の学恩である。

後復職していたが、いつ再発するか分からず、その気づかいもあった。一二六頁で述べるように、ゼミや卒論の問題もあった。

不安定な心理からだろう、チーズが自転車で二〇分程のところのアパートで暮らしており、時折そこを訪れるようになった。それは下町のアパートで、トイレは共同だったが、小さな台所はあった。

最初は、他の青年の場合と同様、「マグソのキノコ」のようにチーズを訪ねた。「拡大」できればという下心があった。彼女は部屋に入れてくれ、おしゃべりした。民青の話は少ししたが、それよりも学生同士のおしゃべりの方が長かった。その時は気づかなかったが、この学生同士のおしゃべりに飢えていたのだろう、その後も、チーズのアパートに足を向けた。頻繁ではなく忘れた頃にふらふらと訪れた。どこか夢遊病のようだったと、今では分析する。

当時、学生は設置費用から高額な電話など持っていないのが当たり前だった。従って、私が夜に彼女を訪れるのは、事前に連絡することなどなく常にいきなりだったが、いつも部屋に入れてくれた。次第におしゃべりが長くなり、深夜まで、時には朝方まで語りあうこともあった。同じアパートに姉もいたので、いざというときでも大丈夫と思っていたのかもしれない。私は姉に会ったことはないが、話の中で幾度か出た。

おしゃべりの内容は、私が生き方を賭けたはずの運動ではなく、当たり障りのないものだった。夜、一室で、男女二人だけなのに、ただ話すだけで、手も触れなかった。もし触れたら、それだけでは済まなかったかもしれない。当時の自分を自己分析すると、自分は地域に生き方を賭けようとしているが、彼女は違うことが分かっており、これではだめだと思っていたと言える。また、積極的に彼女を運動に引き入れようともしなかった。自分がよいと信じていれば、彼女も誘うべきだが、そこまで自信はなかった。彼女は中原中也が好きで、西城秀樹のファンだったが、私は魅力を感じないなど、感じ方の違いも自覚していた。

このようなことは尋常ではなく、続くはずはなかった。ある夜、アパートを訪ね、早朝までおしゃべりした。そして、近くの綾瀬川の川岸まで散歩した。当時、綾瀬川は汚染がひどく川面はどす黒かったが、その時は朝霧で見えなかった。私たちは濃い霧のただよう中で、しばらくたたずんだ。私は彼女の肩を抱こうとしたが、しかし実行できなかった。しばらくしてアパートに戻り、入り口で別れた。

その後、彼女を訪ね、部屋に入ったが、いつもと違い、「出ていって」と言われた。私は、その通りだと納得し、部屋を出て、それから訪れることを止めた。これは特に心が痛むことである。それでも、手さえ触れなかったから、このように書けると考えている。

二、学園

文学部社会学科（三）「卒論は指導しない」

四年次に進み、卒論の指導で、私が地域子ども集団を取りあげたいと言うと、富永教員はW・F・ホワイトの『ストリート・コーナー・ソサイエティーアメリカ社会の小集団研究』（寺谷弘壬訳、垣内出版、一九七四年）を勧めた。これについて私なりの考えを述べたら、突然、彼は激怒して卒論は指導しないと言った。顔色も少し変わっていて迫力があった。ところが、向きを変えて隣の女子のゼミ生と話し始めると、すぐに笑顔になった。卒論指導を受けられないことは卒業できるかどうかに関わり、極めて重大だと受けとめていたが、同時に彼の表情の変化におもしろさも感じた。

後日、アウグスト・コヴァルチクが絶滅収容所のアウシュヴィッツに入れられた初日に見たＳＳ（ナチ親衛隊）の青年を「美しい」と感じた箇所を読んだとき、[*5]重大さは全く異なるが、この時の体験を想い出した。そして、これを敷衍すれば、子どもが強く叱られているときに笑い顔を見せて、さらに強く叱られるということも理解できる。

指導拒否を宣告された時、私はホワイトの本を読まないつもりはないなどと弁解しようとしたが、取りつく島がなく、こうなると学生としてはなす術はない。仕方がないので「失礼します」と言って退席した。

そして、彼のゼミに出なくなった。しかし、どう考えても自分には非がないと思われ、次第に腹が立った。今ではアカハラだと訴えることができるが、当時は違った。こうして、ゼミの単位が取得できず、確実に四年では卒業できなくなった。私は父の健康や仕送りのことがあり、どのように説明すべきか迷った。当時は高額の長距離電話を使って、反応を探りながら話すと、大丈夫のようで、「大学院を目指すから、卒業は延ばす」と説明した。親は何か言いたいようだったが、「分かった。頑張れ」と励ましてくれた。親不孝者で、うそつきの罪悪感を抱いたが、これで一年引き延ばせたと安心した。ただし、前から仕送りは減額していたから、この点ではそれほど心苦しくはなかった。

文学部社会学科（四）　授業への失望②

コミューン論で話題になり、本名とペンネーム（真木悠介）を使い分けて論壇で活躍してい

＊5　アウシュヴィッツ平和博物館編『アウシュヴィッツの「囚人」６８０４』グリーンピース出版会、二〇〇六年、一二三頁。

た見田宗介教員の講義や演習に出た。講義では、確かにカスタネダの話から第三世界へ視角が広がったが、優秀なお坊ちゃんが貧しい開発途上国に注目しているように受けとめた。それは、後に学んだフレイレやイリイチの時とは異質だった。

また演習では、参加者がアドルノ、マルクーゼ、ヤマギシ会などを取りあげた。この演習では、見田教員の周囲に全共闘の「敗残兵」のような男子院生・学生や「追っかけ」のような女子院生・学生が常に取り巻いていて、これが「コミューンか？」と疑問を感じた。「敗残兵」が「先生に拾われて」と言ったとき、私は「コミューン」なら拾う、拾われるという関係ではないと感じたが、それを聞いていた当の見田教員は笑うだけで何も言わなかった。疑問や批判が出ても、彼はにこやかに笑うだけで、周囲の親衛隊的存在が代弁して説得した。確かに、外見では教員は主導せず、ゼミ生が自発的に進めているようだが、このような状況は偶像、教祖と信奉者の集団に見えた。

ただし、私はゼミでの反省と学習を踏まえて、疑問など口に出さず、目立たないからかえっていいなと思い出席していた。その後、一九八八年に学外まで知れ渡った後任教員人事「騒動」における彼の対応を見て、やはりと再確認した。そして、むしろ宮原の「最も実践的な末端」[*6]こそ「コミューン」の研究に重要ではないかと考えるようになった。

＊6　小著『平和教育の思想と実践』（同時代社、二〇〇七年）第一章参照。

第五章

一九七七年を中心に

一、地域

機関紙中心の「拡大」

「拡大」では、『民主青年新聞』や『われら高校生』の読者の「拡大」があった。それぞれ『民新』や『われ高』と略称を使っていた。そして『赤旗』は「ハタ」、民青は「M」、共産党は「P = Party = 党)」だった。

組織として、高対部の立場は上級の方針を下級の高校生たち伝達するような位置にあった。地区委員会は高校生はまだ半人前だから強くは求めないという姿勢だったが、「拡大」では数が明瞭に現れるので、そうはいかなかった。しかし、誰もが分かる圧制や、六〇年安保のように国民的規模の大運動が目の前で進行していれば、高校生でも民青の意義や役割が分っただろうが、青年学生運動は退潮傾向にあり、具体的にこうだと示すことは難しかった。また、当時は活字離れが進行し、高校生に漫画が広がり、自分から進んで硬い内容の文章を読もうという高校生は少なかった（さらに八〇年代になると大学生が青年コミックを読むようになる）。確かに、国鉄労働者などは果敢に闘い、公害反対の住民運動も各地で展開しており、これらは具体的であったが、高校生とは距離があった。

こうして、機関紙を中心に文献により民青の意義を訴えるようになった。しかし、それは、いわば既定の真理を示して説得し、納得させる実践であった。少なくとも、セツルを指向した私は、そのように受けとめた。私は高校生たちが生徒会や学校外の取り組みで民青の果たす役割を実感し、それで意義を認めるのが順番だと思ったが、地区委員会は、まず民青の意義を知り、「拡大」し、民青の影響力を強めれば、生徒会などの活動もうまくいくから、「拡大」を優先せよという考えだった。これは卵が先か、鶏が先かのように微妙なところだと思ったが、私はどうしても釈然としなかった。また、民青は企業や官僚制と異なるはずだから、中間管理職のような役割などしたくはないと思った。

「説得」と「納得」

集会が要求実現を掲げながら、実質的に重点が「拡大」に置かれて計画されるようになった。その中で、夕方開会の集会の当日の昼、電話をかけて参加を「説得」するように「説得」されたことが幾度かあった。しかし、既に相手には予定や都合があり、「説得」すれば反発されるのは目に見えていた。ところが、それで躊躇しては思想性がないと「説得」された。

そこには共産党と、その指導を受ける民青が行うことは絶対に正しく、闘争が最優先されなければならないという考えがあったと言える。しかし、当時はファシズムと反ファシズムの生死を賭けた逃れようのない闘争ではなく、平和主義、議会主義の闘争へと路線が転換していた。平和は他の考えを持つ者との共存が必要であり、議会では討論が不可欠である。これに伴い自分の立場を最優先するのではなく、市民生活とのかねあいが求められるようになった。私には、直前の時点で、予定や都合で参加できないという同盟員は思想性が低いと「説得」するのは、度が過ぎると感じていた。

もちろん、そのようにまでして「説得」するのは、集まりが悪くなり、前から知らせていても避けられたり、やはりだめだというような者が増えていたという実状のためである。先述したように七三年の参議院大阪補選など、選挙では躍進していたが、青年運動では異なっていた。

そのため、〝上の党は情勢は有利で「説得」できると指導するが、下（現実）の民青はそれほどではない。この現状が分からず、また民青の指導部は党に良く評価してもらおうと、楽観的（水増しとまでは言わない）な報告を上げるが、これが現実と乖離して、最終的にはやらねばならないと焦って無理に「説得」して反発や離反を生みだす。あるいは自分はだめだと退き、去っていく。そして、さらに集まりが悪くなる〟という悪循環が現れていた。

Ｍｅ地区委員長が「説得と納得だ。説得しなければならない」と言ったのを今でも憶えている。「説得」が先なら、「各人の自由な発展が万人の自由な発展の条件となる」という「アソシエーション」から外れるのではないかと感じて、口に出そうとした。しかし、彼も上から指示されて焦っているのがひしひしと感じられ、議論しても仕方がないと思い、止めた。ただし、これは彼を批判しているのではない。彼は誠実に専従の務めを果たし、党に忠実に忍耐強く組織をまとめていた。

なお、地区委員の中に体調がよくない者がいて、今から考えると心身症だったと思われる。当時はよく分からず、また詳しく聞いたわけではないが、『査問』八一頁で新保が「体調が悪い」と言ったところを読み、共通性があると思った。

「ハタで読んでるから……」

『民新』、『われ高』だけでなく、簡易印刷の必読文献が次々に配布されるようになった。事務所には、地区委員や班長の名前の横に、〝文献を受け取った。読み始めた。読了〟などの箇所に自己申告で〇を記入する表が張り出されていた。必読とはいえ、次々に出てくる文献をみな読了するのは極めて困難だった。学生の私でさえ読みきれなかったのだから、まして仕事がある青年労働者は大変だった。そして、内容は『ハタ』に書いてあるものと同じだった（民青は共産党の指導を組織原則にしているから違うことなどあるはずはない）。事務所にいたとき、委員長に「ハタで読んでるから…」と言っていた青年がいた。それを聞いて、私は共感したが、口にはしなかった。「ぼくだってそうだよ」と言えばよかったと今でも思っている。彼は正直に言ったのであり、読了せずに、読了と申告したのもいると感じていた。

また、活字離れの進行でも、少ないながら『ハタ』を読む高校生もいた。そして、このような高校生にも『民新』や『われ高』を勧めるのは難しかった。親が党員の高校生から「『赤旗』を読んでるからいいだろう」と言われたことがあり、前記青年の「ハタで読んでるから…」を連想したが、この場合は生意気さも感じた。「いや、これは青年や高校生を中心にしているから、『赤旗』とは違うよ」と説明したら、彼は「そんなこと言っても、中身は『赤旗』を薄めたようなもので、だから『赤旗』でいい」という意味のことを言った。そして実は私もそう思っていた。取りあげている具体的な事柄は違うが、論調は似ており、結論は同じだから、『赤旗』を読めばいい。従って、私たちは、まさに意見が一致したのだが、それでは私の任務が果たせなかった。その高校生に『民新』や『われ高』を「拡大」し、それを地区委員会に報告し、数を一つ増やさなければならなかった。「親が党員なのに、どうしてできないのだ」と思われるのが明白だった。

「拡大」を機関紙の勧誘を見なすのは思想性が低いからだとも言われたが、この点になると、『民新』や『われ高』ではなく、『ハタ』のレベルになり、やはり「『赤旗』を読んでるからいいだろう」となる。それでも、『われ高』、『民新』、『ハタ』と思想性の発達段階に即して臨機応変に柔軟に説明すればいいとも思った。しかし、『ハタ』は毎日で、『われ高』や『民新』は毎週で、専従でもないかぎり、個々の高校生に応じて説明することなど、私には無理だった。

「御意」と「意御」

私は高校生たちにできるだけ分かりやすく「説得」し、「納得」させようと努力したつもりだが、彼らが「御意」と答えたことが、今でもその口調や表情とともに記憶に刻まれている。それはユーモアであり、ブラック・ユーモアでもあった。彼らは学力があまり高くないと自覚し、東大生の私の「説得」に反論しようがなかったが、それでも心底から「納得」したわけではないので「御意！」、「御意（笑）」などと答えたのである。そして、私も彼らに共感した。「たとえ高校生がまちがっていたとしても、その実感は大切にしなければいけない。何と言っても、人間だろう」という感じであった。

また、高校生たちは、これをきっかけに「御意」を流行らせ、さらに「御意＝いいよ」の反対語として「意御＝やだよ」という造語も流行らせた。全く私の立場など分かっていなくてやりきれなかったが、憎めない愛嬌があり、私も「御意」、「意御」を使うようになった。

むしろ、やりきれなさは、自分の組織的役割の方が強かった。これが結局は、私としては民青や共産党を離れる要因の一つになった。そして、しばらくしてから、別な理由で私は「査問」を受けることになる。私だけでなく、組織も耐えかねていたのだろう。いずれも臨界点に近づいていていたのかもしれない。

「ハタで読んでるから…」について・考察（四）

『査問』一五七頁で、広谷俊二は「宮本顕治のことを『文人』と言い、どこかで見下している雰囲気があった」と書かれている箇所を読み、「ハタで読んでるから…」を思い出した。文書＝言葉で思想や社会を変えることと、闘いがあり、それを言葉で伝えて思想も社会も変えることは、起点が違う。「拡大」が闘いだと当時も説明されたが、それは共産党の自己中心的（独善的までは言わない）な考え方で、いわゆる大衆には説得力がない。「『赤旗』の部数が増えたって、生活は楽にならなければ、何が闘いだ」となる。しかも「『赤旗』におれのことは載ってないぞ」と言われれば、私は言葉が続かなかった。しかし、こういう労働者でも意気に感じれば、勝ち負けなど気にせずに闘う。そこには変革のロマンやワクワクするようなスリルがあり、負けても何もやらずにつまらない人生を送るよりましだ。

私はどうしても「拡大」と闘うエネルギーを結びつけることができなかった。「ハタで読んでるから…」と言った青年が言外に込めたものも、このようなものではなかったと思うのである。また党員・同盟員や機関紙の拡大の成果は党に一括にされ、自分の成し遂げた活動という達成感が減退した。しかも、「平和革命」や「歌って、踊って」の路線で、機関紙の内容にスリルがなくなった（これは武装闘争を勧めるのではない）。こうして、笑顔で勧誘して、上に業績を報告する忠実なイエスマン／ウーマン／パースンが増えたと言える。

この関連で、二〇一〇年に再び現れたセツル時代の資料を読むと、前出の一九七三年九月一九日付「れんらくかいぎ」で「実践的なスローガンをつくろうよ。全セツ連のような抽象をうちやぶろう」という呼びかけに改めて注目した。当時、これを読み、共感した記憶が確かにあった。全セツ連については機関紙『せつるめんと』と駒場寮で出会った川崎セツルのセツラーたちを通して知る程度だったが、前者のスローガンや後者の話し方には、キャンパスの立て看やアジ演説に共通するものを感じていた。それは、言葉を上から下に伝えるもので、そのため「(言葉の)抽象をうちやぶろう」に共感したのである。[*1]

このように考えると、セツルから葛飾の青年運動、教育文化運動へと変わり、民青、共産党に加わったが、私の性格や志向は変わっていないことが分かる。宮原の「最も実践的な末端」を重視するのも、そのためである。

さらに、「文人」指導の文書中心活動の結果について考えると、家永三郎が、臨教審をめぐるインタビューにおいて「私は一九五〇年前半、時間をかせいでいれば新憲法下で教育を受けた世代が社会の主流を占めるのではないかと思った。それは完全な予測ちがいで、むしろ若い層が崩れてきたことが、本当に残念だ」と指摘したことが重要である。[*2]この「若い層」の中には私も含まれており、とてもきつい指摘である。確かに家永も承知しているだろうが、この問題の中心には政府・文部省の教育体制がある。しかし、その上で、教育体制を振りきり体制批判の側に向かった「若い層」に対して「文人」の指導が待ち受けていたという問題も捉える必要がある。つまり、「若い層」は体制側でも、体制を批判する側でもおとなしいイエスマン／ウーマン／パースンになることが求められたのである。

この関連で、宮本が一九六九年一月、学生運動の「天王山」と称される東大安田講堂「落城」のとき、民青系を直前に撤退させ、勢力を温存したことを考える。これは当局との力関係を考えれば賢い戦術のように見えるが、この撤退が新左翼系学生運動に決定的な打撃を与えるためでもあるという一挙両得の意図があるならば、それは小才の賢さと言える。

この点について、その後の趨勢を見れば、確かに新左翼系の力は弱まり、民青系が強まったかもしれないが、それも一時的で、しばらくして民青系も新左翼系の後を追うようにして弱まり、全体として青年学生運動は縮小していった。即ち、民青系は競争相手がいなくなり楽に

＊1　国会図書館、大学、OSなどを通して調べたが、全セツ連の機関紙が、どこにも保存されていない。現在のところ、カンチョーが保存し、私が託された一部のみしか確認できない(現在はセツルメント診療所が保存)。これは、その内容や受けとったセツラーたちの評価を示していると言える。大切だと思った文献なら、現状は違っていただろう。この点は、活字とでも手書きの文献の価値を考える上でも重要である。

＊2　『日教組教育新聞』一九八五年六月一八日。

なったように見えて、ライバルを失ったのであり、これは体制側からみれば「外堀を埋めた」ことになる。このような趨勢において「挫折」や「しらけ」が語られ、七〇年代後半には「しらけ鳥飛んでゆく／南の空へ／みじめ、みじめ」という「しらけ鳥音頭」が流行った。これに対して「歌って、踊って」の運動は確かに重要だったが、大衆が選んだのは民青ではなく、「しらけ鳥」の方だった。このようにして、一九八五年には家永が指摘するような状況に至ったのである。

また、宮本のような者が党員全体の合意で指導者に選ばれたのであれば、それは日本共産党の組織的な問題となるが、私は宮本が指導者になる過程では他の要因も作用していると考える（前掲「記憶の風化と歴史認識に関する心理歴史的研究―抵抗と転向の転倒―」等参照）。慎重な考察が必要であり、その考察のための視点には、マルクスが「フォイエルバッハに関するテーゼ」（第一）で「これまでのあらゆる唯物論（フォイエルバッハのをもふくめて）の主要欠陥は、対象、現実、感性がただ客体（客観）の、または観照の形式のもとでだけとらえられて、感性的人間的な活動、実践として、主体（主観）的にとらえられないことである。それゆえ、能動的側面は、唯物論に対立して抽象的に観念論―これはもちろん現実的な感性的な活動をそのようなものとしては知らない―によって展開されることになった」と述べていたことを踏まえ、[*3]「実践」を位置づけることが重要である。

運動の広がり

少年団や子ども劇場の運動が広がり、地域で話題になっているとM・jさんがうれしそうに言っていた。「どう、私がやればこんなものよ」という感じだった。

＊3　フリードリッヒ・エンゲルス／藤川覚、赤間実訳『フォイエルバッハ論』大月書店、一九七二年。訳文は若干変えている。

この夏は少年少女センターのキャンプに加えて、葛飾子ども劇場のキャンプも実施した。前者では、私も高校生も子どもも前年の反省を踏まえて参加し、とても充実したものになった。私はスケジュール全体の流れを把握し、逐次、高校生や子どもたちを集め、指示し、それぞれの場に戻すと、見回って進行状況を点検して個別的に指示するなどできた。そして、最終日前のキャンプファイヤーでは大いに盛りあがり、さらに自分たちの力も大いにアピールすることができた（一四六頁で後述する「おふじ」の役割も大きい）。

そして、東京に帰り、他の少年団と別れる新宿駅では、人混みの中でも、子どもたちはキャンプで覚えた「チクサク、チクサク……（意味不詳）」などのかけ声を大声で合唱した。私はこれはすごいと思ったが、心の隅でやりすぎではないかとも思っていた。後日、ナチのプロパガンダとヒトラー・ユーゲントや中国のプロレタリア文化大革命と紅衛兵について学ぶと、ついこのことを連想する。これは批判のためではなく、青少年は煽動しやすく、それを悪用してはならないという意味である。この点で、教育にはプロパガンダの要素があるが、だからこそプロパガンダに対する教育が必要であるという宮原の教育論は極めて重要である。[*4]

少年少女センターのキャンプの後で、子ども劇場のキャンプにも参加した。高校生や子どもたちは、前者の勢いで臨んだものの、同じようにはいかなかった。それでも意識が高まり、子ども劇場はここが不足している、あれがよくないなどと話しあい、まるで前衛党が大衆をどう指導すべきか議論しているようだった。これがM・jさんの意図するところで、彼女はしてやったりと感じていただろう。

また、子どもたちは、少年少女センターで知りあった他の地域の子どもたちの話をしていた。足立や江戸川など近くの場合は電話で連絡をとっていっしょに遊んだりしたらしい。しかし、

＊4　宮原誠一・丸山真男「教育の反省」『宮原誠一教育論集』第六巻、国土社、一九七七年、四一七～四一八頁。なお、プロパガンダの他にも、フロイトの「タナトス」、ニーチェの「ディオニュソス」、西田や三木の「デモーニッシュ」、フロムの「自由からの逃走」などの観点も重要である。

山の手の方までは行かなった。子どもの話を聞いていると、山の手の地域から参加した少女に憧れて、手紙を出そうかどうか悩んでいる中二男子がいて、周りから冷やかされたり、けしかけられたりしていた。

私たちの方も知りあいが増えた。町田市の学生Ｉｔさん（当時とても稀だった「保父」を志望）や大田区の保母のＳｇさんとは、その後の会合などでもいっしょになった。民青都委員会の了承の下で、都委員会少年少女対策部（少対部）のＥｎさんが同席しており、これなら分派にはならないと思った。しかし、活動が進むとＥｎさんは一々を了承とりつけなければならず、大変そうだった。「いきなりそんなこと言われても無理よ」などと言っていたが、できるだけ対応していることは分かった。

また、Ｍｊさんは全国的に関わりが広がっていたようで、中央委員会のＨｓさんとやりとりしていた。しかし、こちらは硬そうで、Ｍｊさんは「Ｅｎさんぐらいやればいいのに。あの人はだめよ」などと不満をもらしていた。私も子どものことで民主集中制の組織原則もないだろうにと思った。

その一方、「だんだん村」のある地域の小中学校は組合が強く、共産党員も多いと聞いていたが、協力関係はあまりなかったようだ。考え方の違いか、分派になるためか、それとも他の理由か分からなかったが、Ｍｊさんはよく不満をもらしていた。

キャンプの川遊びで

子ども劇場のキャンプでは、近くの渓流で水遊びをした。小学校低学年の女児が溺れたので、私はとっさに泳いで捕まえ、引き上げた。初めてのことで、小さな子どもでもヘトヘトになったが、背後で「ああいう時はしばらく様子を見て、子どもがバタつかなくなってから助けた方がいい」などと話していた。私は頭に来て「それならお前がやったらいいだろう」と言いたかったが、誰が言ったか分からないし、こちらは主催者側なので我慢した。

その後、確かにそうかもしれず、下手をすれば私も溺れたかもしれないと思い返したが、その時は何も考えず、身体が動いていた。しかも、プールではなくて、下流に何があるか分からなく、そのまま流されたらどうなったか分からない。あれよあれよと見ていればいいわけはない。いろいろと考えても、やはり、あの背後の発言には腹が立った。

それでも、こういう人たちだからこそ、文化を伝え、レベルを上げるのだと考えなおした。しかも、後述するように、もっと厄介な母親もいた。

「マンさん」と全戸配布

夏の青空教室でも進展があり、葛飾教職員組合の協力を得ることができた。私はM.jさんといっしょに書記長と幾度か話しあった。書記長は何人かの教師を紹介してくれた。

一方的に協力を得るだけでなく、組合からの要請も出てきた。夏の暑い日、組合のチラシの全戸配布を要請された。指示されたところに行くと、三上満先生が現れ、二人で団地の全戸配布をした。一階の階段横に並ぶポストに入れれば、階段を上り下りしなくてすむが、三上先生は「それはいけません。一軒一軒のドアから差し入れた方が読んでもらえます」と言った。私もそのとおりと思い、暑い夏の日中に汗を拭き拭きチラシを配った。

その後、このことを高校生たちに話すと、さすが「満（マン）さんだ」と言っていた。「マンさん」のことは、高校生にもよく知られていた。その一方、M.jさんは「組合はマンさんのことをちっとも分っていない。マンさんも自分が何をすべきかもっと考えるべきよ」などと言っていたが、その時、私は理解が不十分だった。

後日、「マンさん」は「金八先生」のモデルだと聞いて、やはりと思った。しかし、東京都教職員組合（都教組）委員長に就任した後、日教組からの脱退・分裂、全日本教職員組合（全教）や全国労働組合総連合（全労連）の結成に深く関わる等には（一九九一年から九五年まで全教委員長）、どうしても賛成できなかった。「マンさん」と全戸配布と労働運動の分裂を繋げることに苦労したが、いずれも与えられたことに真面目に取り組むということが、労働運動においては上（党）からの支持に忠実に従うという形で現れたのではないかと考えるようになった。そして、前記Ｍ.ｊさんさんの指摘を想い出した。

社会教育専門職員

葛飾区の社会教育専門職員のＸ氏[*5]が現れた。彼は、〝Ｍ.ｊさんたちの活動に注目している。社会教育行政との関わりをつくりたい。山田が行政の事業に加わるようにする。来年度は「指導員」のような者として、行政の中に位置づけたい〟ということを語った。数日後、彼の案内で新小岩の社会教育館（一九九〇年四月に所管が教育委員会から区長部局の地域振興課となり、それに伴い名称は「学び交流館」に変更）を訪れ、そこの社会教育専門職員から話を聞いた。Ｘ氏とは、その後も数回会った。『月刊社会教育』を知ったのはこの頃である。

私は卒業後の進路を考えなければならない時期だったので、これはありがたいと思った。そこにはＭ.ｊさんの気づかいもあったのかもしれない。当時は「ボランティア」の言葉は使われていなかったが、ボランティアとして活動しながら、『月刊社会教育』などで理解を深め、こ

＊5　本名を記憶しているが、★頁で後述する疑心暗鬼が彼の名誉を傷つけないように、慎重にアルファベットの略称も使わず、Ｘ氏と表記する。

の方面で就職してという進路が考えられた。しかし、これから述べる事情で、このようには進まず、私は葛飾を離れた（ただし社会教育を研究するようになった）。

高校生は増えたが……

運動の広がりに伴い高校生との関わりが増えてきた。一人の男子高生はシンナー中毒から立ち直り、民青に加入した。親が党員か後援会員だった。彼は班会議に出て自分の体験を語り、頑張りたいと言っていたが、二、三度出席しただけで来なくなった。私は気になったが、手が回らず他の高対部員に任せ、それきりになった。何故、彼のような高校生が民青に加わるのかといえば、「拡大」の結果と言わざるを得ない。民青加入の前にもっと段階を踏むべきだと、当時でも思った。

Mjさんが組合の教師から娘の面倒をみてくれと頼まれたと私に知らせた。数日後、当の娘（Myさん）が友人の女子高生と現れた。とても大人しく、私としては民青の加入までは気が引けた。私としては、とても真面目なのでまず子ども劇場でジュニア・リーダーの補助のような役割を経験させ、次第に民青の話をしようと考えていた。親は民青に反対はしないだろうが、何しろおとなしかった。むしろ、友人の方が積極的だったが、その親は反対するのが明白だった。

しばらくして、私が無理をしすぎて風邪をこじらせ、四〇度近い高熱で倒れたとき、Myさんは母親と一緒に下宿に駆けつけてくれるなど優しかった。びっくりしたが、とても助かった。おそらく丁寧に指導していけば、きっとMyさんも友人も、彼女たちでしかできない活動を担えるようになったろう。おふじと連携すれば、「悪ガキ」たちのエネルギーを良い方向に導く上でかなり大きな力を発揮できたはずである。しかし、そこまで行く前に、私は葛飾を離れてしまった。

また、親が職人で、共産党後援会員の娘がいた。親からよろしくしつけてくれと地区委員会を介して頼まれた。その親は休日には朝から酒を楽しむような職人だった。

その娘（Aさん）と友人の女子高生数人が現れた。幾度か話をするうちに、一人（Bさん）から「つきあっている男といっしょに寝たけれどどうしよう」と相談された。それは、これからのことではなく、もう既にしたという話だった。ただし「いっしょに寝ただけで、それ以上は何もしなかった」と言う。そして「男の方はこれからもそうしようと言うが、どうしようか悩んでいる」と相談してきた。私は「そんなことが続くはずはないから止めた方がいい」と答えたが、当人は不満そうだった。

しばらくして、AさんとBさんが私の下宿の掃除をしたいと言ってきた。「掃除なんか必要ない」と言ったが、どうしてもしたいと繰り返し言われ、もう面倒臭くなって「いいよ」と言った。その頃は彼女たちにうんざりしていたから、掃除などつきあいきれないと思い、「終わったらボタンを押してドアに鍵をかけて帰るように」と言って、私は「だんだん村」に出かけた。彼女たちは不満そうだった。

帰ってきて驚いた。押入の中に押しこんだ私の下着まで片づけられていた。むしろ、本や文具は大して片づいていなかった。彼女たちの生い立ちで、本や文具には不慣れで、下着の片づけは得意だったからかもしれない。しかし、その後、彼女たちは顔を現さなくなった。なお、前の経験から（六六頁）、私は連絡先などを記録した手帳やノートは持って外出し、彼女たちの目には触れないようにした。

このような具合で、高校生は確かに増えたが、「拡大」には結びつかなかった。いくら考えても、その前段階だった。しかし、地区委員会は親が組合や後援会なのに、どうして「拡大」できないのだと不満のようだった。しかも、党活動では、党籍の異なる党員とばかりやって、民主集中制に従わない（つまり分派）と見られるようになっていたが、それを言われたのが「査問」の時で、私は自覚していなかった。

「おいでやす」

いわゆる「ビニ本（当時のポルノ）」が自販機で売られ、「だんだん村」で高学年の小学生や中学生がひそひそと噂していた（実際に購入したか否かは不明）。私も含め、みな「ビニ本」という名称を知らず、自販機で陳列されていた一冊が「おいでやす」というタイトルで、子どもたちは、この「おいでやす」を「ビニ本」の意味で使っていた。例えば〝あいつの兄貴が「おいでやす」を持っていて、あいつも見たんだぞ〟というように。

私は、それも、自販機も見ておらず、子どもが話しているのを横で聞いていて、困ったものだと注意していた。もちろん、私は聖人君子ではない。廃品回収の時に子どもたちと集めた古雑誌を回収業者に渡す前に、何冊か週刊誌を抜き出して持ち帰り、その中のヌード写真を隠れて見たこともある。だから、子どもたちに偽善的なお説教などしなかったが、度が過ぎてはいけないという意味で注意していた。

母親たちの中には……――生兵法の「聞く」カウンセリング

母親の多くは教育や文化に関心があり、見識ある人もいたが、問題だと思う者もいた。「だんだん村」にくる男児（小学校高学年）は、夏なのに同じ黒と黄のデザインのTシャツをずっと着ていた。両親とも十代で結婚し、ほとんど子どもをかまわないのが知られていた。路上で出会えば挨拶を交わし、子どもがお世話になっていますと言うのだが、人任せであるのは確かだった。現在ではネグレクトに近いと見なされるものであろう。

また、子ども劇場の事務所には、昼間はスタッフがいるが、夜は誰もいなくなった。そして、そこには電話が置かれ、スタッフがいない時は、上で生活している私が応対していた（ほとんどはMｊさん宅に電話したろうが、時には事務所にかかってきた）。そして、運動の広りを通して、私は「マグソのキノコ」の延長で様々な母親との関わりが出てきて、東大生で頭がいいだろうから教えてくれと相談されるようになった。ある時、世話好きの母親から近所の子どものことで相談に乗ってあげてくれと頼まれ、考えを言ったら、数日後、彼女が来て「東大生の話なんて何の役にも立たないと悪口を言われている。恩を仇で返されて悔しくてたまらない」などと言った。私も傷ついたが、おばさん同士の口げんかに入るのもばかばかしいので我慢した。

その後、人生経験を積み重ね、これには頼りになる東大生を知っているという自慢話、これへの反発や嫉妬、それへの共産党に対立する者たちの介入（けしかけ）、さらに野次馬などが絡みあっていたと思った。しかし、これはまだましな方だった。さらに〝主人が怒るとドアを閉めて出てこないので、どうしたらいいか〟、〝主人が家に帰って来ないから、職場の前でいっしょに待っていて、家まで連れて来るのを助けてくれないか〟、〝他に聞かれたくないので、家にまで来てほしい〟などの相談を受けた。私はウランの時に無力だった反省から心理学やカウンセリングを学び、「聞く」ことが大切だと学んだが、やはり生半可な理解にすぎなかった。

後日、斎藤茂男の『父よ母よ』（太郎次郎社、一九七九年）や『妻たちの思秋期―ルポルタージュ日本の幸福―』（共同通信社、一九八二年）を読み、まさに共通した問題に関わっていたと思わされた。しかし、当時は問題の理解が浅く、未熟な試行錯誤の繰り返しで、ほとんど有効な対応にはなっていなかった。

確かに、これらをMjさんたち大人に相談すればよかったが、未熟で深く考えず、また忙しさに紛れて放置してしまった。そして、後になって脇が甘かったと反省することになる。こういう性質のことこそ、逐次周囲に知らせ、自分の潔白を示す必要がある。これに気づいたのは、大学の教員として研究会やＰＴＡの聞き取り調査などで、教師や教授とＰＴＡ役員のスキャンダルを幾度も耳にしてからだった。これを考えると、学生だった私がよく無事だったと思わされたものである。

なお、私は母親だけを選んでいたのではない。数少ないが父親との関わりもあった。離婚か死別か聞けなかったが、母親がいなく、小学校高学年の娘が子ども会活動に積極的で、父親も熱心だった。ある晩、彼からバーに誘われて雑談した。しかし、バーに不慣れな若造では当たり障りのないことしか話題にならず、しかも、私は下戸で、それから誘われなくなった。

燃える女・勇敢おふじ

一九七六年に学習塾に二人の女子中学生が入った。Mjさんは早速「おふじ」と「フーコ」と呼んで、期待していた。そして、おふじの方は少年団に興味を示し、積極的に関わるようになった。少年団で塾に来る子供はいたが、その逆はいなかったので、Mjさんも、私も、塾と少年団活動を結びつける鍵になる存在として、彼女になおさら期待していた。しかも、おふじは明るく快活な美少女で、少年団の悪ガキたちも離れたところから注目していた。

他方、フーコは二年になる頃に来なくなった。伝聞だが「あそこはアカだから」と言われて、親に止められたという。しかし、おふじは続けて来た。まるで掃き溜めに鶴という感じだった。

翌七七年の中二の夏休みに、おふじは少年少女センターのキャンプなどにも参加した。悪ガキたちは気持ちが引き締まり、とても内容が充実したキャンプになった。私は前年の反省から子どもへの関わり方を変えたので、それもよかったと考えるが、何よりおふじの存在が大きいと認めざるを得ない。男の子たちは「燃える女・勇敢おふじ」と呼んでいた（当時の『夕刊フジ』のテレビ・コマーシャルのキャッチ・フレーズ「燃える男・夕刊フジ」をもじった）。

おふじは、私を「やーまだくん」と呼び、この明るく快活で活動的な美少女に、私は惹かれるところがあったが、光源氏が若紫にしたようなことなどはしないと戒めていた。これは思想性というより、中学生の小娘が相手ではフェアではなく、道義に反するからだ。マルクス主義で平等を言うなら、当然のことだ。

ところが、充実したキャンプから帰ってまもなく、おふじが私の下宿に来て、「家が葛飾から茨城県Fｓ町に引っ越し、塾にも少年団にも来られなくなる」と言った。その時、彼女は入口でとても長い時間いろいろと話し続け、しかも帰ろうとはしなかった。彼女は「私は側湾症なの」ということまで話して、それがどういうものか説明して、Tシャツ姿の背中を見せたりもした。胸のふくらみはじめた美少女の、そのしぐさに、私はドキッとしたが、「ダメダ、ダメダ」と心で念じた。

正直に告白すれば「これじゃあ分からないよ。ちょっと中に入って。見てみようか」と言おうかと心の片隅で考えた。彼女の悩みに応えることだし、それが親切だろうという理由を用意して、実はTシャツを脱いだところを見たいというふしだらな気持ちも起きた。おそらく、これを実行したら、一五五頁で後述する「査問」のとおりになったろう。しかし、私は危ういところで、この言葉を呑み込んだ。道義に反するし、しかも、おふじは夏のキャンプで感動し、これからもっともっと少年団で明るく元気にやってたくさん学ぼうとしていたが、その矢先に引っ越しを告げられ、これに側湾症も加わり、とても混乱していた。その隙をつくのは卑劣で、下司の行いだ。さらに、もし指導員と子どもという関係を超えて私たちが親しくなりだしたら、少年団や高校生の男子に憤激や怨嗟が広がり、多くが離れるのは明らかだとも感じた。ただし、これくらいは当時の私でも気づくことができたが、母親たちにまで波紋が広がれば、何を言われるか分からないという危険性にまでは考えが及ばなかった。

その時は午後の明るい時間帯で、中でゆっくり話を聞いてもいいのだが、このような自戒から、入口でずっと立ち話を続けた。おふじはなかなか話を止めないので、私の方から「きっとＦｓ町に行っても、いい友達ができるよ。今、だんだん村で使うもの（「遊びと手の労働」のための道具や材料）を持っていかなければならないんだ。途中までいっしょに行こう」などと言って区切り、下宿を出た。おふじの家は「だんだん村」の近所だった。歩き出すと、おふじはもう話さなくなり、私が声をかければ短く答えるだけになった。

警察が登場

夏休みに入った頃、父が桐生から長距離電話で「警察が来てお前がどこで何をしているのかと聞いていった。一体何をしているんだ」と尋ねた。その時は、それほど深く考えずに「何もしていない。大丈夫」と答えた。父はその答えで安心したのか、警察が来たのも一度だけだったのだろう、その後、電話は来なかった。もっとも、父は三年前に脳血栓で倒れ、入院とリハビリを経て復職したが、以前のような体力や気力はなく、たとえ不審に思っても、私を問い詰めることはできなかったろう。

こういうわけで、私も気にしないでいたが、しばらくして、大学入学時に保証人を引き受けてくれたＦｋさんから少し話したいと電話があった（当時は保証人が必要）。私は深く考えず、夏休みでもあり、ご無沙汰を詫びるつもりで訪問した。そして、おしゃべりをしていると、唐突に「今、何をしているんだ」と尋ねられた。そして、言いにくそうな表情で「おれは困っている」と言った。

彼は機動隊員で、当時、我が家の知り合いで東京在住の人は彼しかいなかったので、父が彼に依頼したのだった。父としたら警察官だから堅い仕事で安心だという意識だった。この彼を私が困らせているのであった。機動隊員が共産党員の保証人とは、確かに上に知られれば困ったことになる。

機動隊員の保証人

父と母は共働きで、私は小さい頃に彼の実家に日中だけ預けられた（学童保育などなかった）。仕事が終わる夕方に母が迎えに来て、家に帰るという生活だった。これが小学校中学年まで続いた。親は、謝礼を払って、私を預けていたのだろう。おやつには、塩かみそをつけたにぎりめしが出て、家族同様に過ごしていた。

Ｆｋさんは柔道と剣道の有段者で、特に柔道が強くて、桐生商業高校の柔道部で活躍して、卒業後に警視庁に就職した。普段はもの静かで、私にとって年長の朴訥な兄貴という存在だった。有段者はケンカで相手を傷つけると、凶器を使ったのと同じになるから心の修行が大切だなどとポツリと話したことを憶えている。日頃の言動はとても控え目だった。

東京での生活で、「バカなこそ泥がおれたち宿舎に侵入し、見つかって、袋だたきにあい、半死半生になってしまい、これではやりすぎだということになり、住居侵入と窃盗未遂を見逃すかわりに、痛めつけたことも帳消しにした」などというエピソードを教えてくれた。こんな裏話を聞かせるほど親しくしていた。

その家には、柔道や剣道の賞状の他に表彰状が二つあり、そこに「原文兵衛」の名前が読めた。漢字が読めるようになって、この四文字を「ゲンブンヘイガイ」と読み、「衛」を「街」とまちがえて笑われ、恥ずかしかった記憶がある。その後、天皇制ファシズムや戦争責任を研究する中で、原文兵衛は一九一三年生まれで、戦前は特高課長となり、戦後は一九六一年に警視総監、七一年に参院議員となったことを知った。特高の弾圧を調べていて原文兵衛の名前を見たとき、〝オヤッ?どこかで見たな〟と、妙に懐かしい感じがしたものだった。おそらく、この表彰状は、警視総監原文兵衛から授与されたもので、Ｆｋさんが機動隊員として奮戦したのが認められたのだろう。

彼が何で表彰されたのか、小学生の私は表彰状の文章を理解できず、彼の父や母もよく読めないようだった。小学校も満足に卒業していなかったと思われる。ただ、表彰状など無縁の人生だったのが、東京で息子が貰い、とても誇りに思っていたことは確かであった。

Ｆｋさんの父は戦前に軍隊で調理を担当し、戦後は学校給食の調理師になっていた。母はいつも質素な和服姿で、洋服は着たことがなかった。

その家は、長屋の四畳半と六畳と台所だけだった。玄関はなく、入り口に自転車一台と三輪車一台がおけるぐらいの土間があるだけだった。三輪車は子供用で、私は幼児期にそれで遊んでいた。隣が時計屋、次が米屋（炭や薪も売っていた）、下駄屋（靴は売っていなかった）、駄菓子屋、蕎麦屋と並んでいた。裏が料亭で、夜に明かりがつくが、昼間は静かだったので、私は裏から料亭の築山に登って遊んだりしていた。他にもいろいろと遊んだ。時には友だちと米屋の前で割った薪を束ねたり、くず鉄を拾い集めたりした。児童労働、ただ働き、収奪・搾取などの意識はなく、遊びの延長だった。何かもらった記憶がないので、ただ働きだったことは確かだが、大人に褒められるのがうれしかった。米屋の方は労働・生産による富を得て、子どもたちの方は遊びで楽しめ、双方が満足していた。＊6

Ｆｋさんは結婚し、都心の機動隊員宿舎から田無市の西武線沿線の官舎に移り、子供が産まれ、親子三人の生活を送っていた。そして、三十代で八王子市の中央線沿線の駅まで徒歩で行けるところに土地を購入していた。浪人時代、私が泊まっておしゃべりしていたとき、奥さんがその土地を空き地にしていて夏草が繁り近所から苦情が出ないかと心配すると、彼が「近いうちに休日を使って刈る」と答えていた。彼は宿直がしばしばあるような激務であったので（その激務には学生デモ隊との衝突もあったろうが、何も聞いてはいない）、奥さんが「休日はゆっくりして、業者に頼めば」と言ったら、「大丈夫だ。おれがやる」と答えた。

そして、二、三年後にその土地に新築二階建て住宅を建てた。それは、ダイニング・キッチンとリビングに三部屋か四部屋ある建物で、しばらくして桐生から両親を呼び寄せて同居できるほどのものだった。私がセツルや青年運動で出会った高卒の青年労働者は、三十代から四十代になっても、とてもこのような暮らしができるとは思えなかった。彼個人に対して何も悪い感情は持っていないが、当時の社会状況を具体的に知ると、彼が打ち倒し、蹴散らしたデモ隊員はきっと無数にいたと思わざるを得ない。

＊6　かつて原始共産制から古代奴隷制への移行期に、いつの間にか奴隷になってしまった人々には、このような心的機制があったのではないだろうかと考える。自分よりも頭が回転する者から指図され、そのとおりにやったら褒められて、よかったよかったとうれしく満足するという心の働きである。ルソーが『人間不平等起源論』の第二部の冒頭で、次のように述べたことは様々な角度から熟読玩味すべきである（原好男訳『ルソー全集』第四巻、白水社、二三二頁）。

「ある土地に囲いをして、『これはおれのものだ』と最初に思いつき、それを信じてしまうほど単純な人々を見つけた人こそ、政治社会の真の創立者であった。杭を引き抜き、あるいは溝を埋めながら、こんないかさま師のいうことを聞かないようにしよう、果実は万人のものであり、大地はだれのものでもないということを忘れれば、君たちは身の破滅だと、同胞に向かって叫んだ人は、どれほど多くの犯罪と戦争と殺人とから、どれほど多くの悲惨と恐怖とから人類を免れさせてやれたことであろうか。」

大学入学時、私が保証人の依頼を兼ねて挨拶に訪問した時、彼の家の玄関には、一九六五年の日韓基本条約締結を祝う国会議事堂の形をした記念品が飾られていた。このような記念品があったのは、その時に機動隊員として彼が精勤したからであろう。しかし、その意味など当時の私には分かっていなく、条約の性格や反対運動があったことは、後になって知った。

武道の有段者が身動きできない相手にジュラルミンの盾でグイッと押せば、肋骨が折れると聞いたことがある。ドスッと下に叩きつければ足の甲の骨が砕ける。警棒で打てば、骨が折れる。ゴリがつきあっていた「チンピラ」は警棒を持っていた。おそらく以前、誰かが警官ともみ合っているうちに奪ったものを拾ったのだろう。持っている本人が奪ったのではないことは、彼が口先だけで、決してデモに加わるような人間だったからハッキリしている。私はこの警棒を触ったことがあったが、その堅さに驚愕した。これで有段者にやられたらおしまいだと思った。その一方で、私の知る限り朴訥で控え目だった「兄貴」が、どのような気持ちでデモ隊員に向かっていったのかと思うと、何とも言えない悲劇を感じる。

葛飾の官憲と東大当局の繋がり？

Ｆｋさんは私を呼びだして「困っている」とは言っても、決して私を責めるような言い方はしなかった。しかし、父と違い、もう少し話をした。彼は、私が葛飾で子どもを集めて何かやっているようだが、そういうことをすると、自分の立場上都合が悪いという主旨のことを言った。私は彼を機動隊員ではなく、「兄貴」のように見ていたので、初めは何で都合を悪くさせているのか理解できなかった。それでも、しばらくして、彼が警官で、しかも機動隊員だということに気がつき、角を立てないように言葉を濁した。もうしないとは言わなかったが、迷惑をかけているようなら申し訳ありませんと頭を下げた。彼は目をそらし、それ以上は何も言わなかった。

そして、私は奥さんや息子とおしゃべりしたり、遊んだりして、曖昧に済ませた。しかし、後味は悪かった。それ以来、Ｆｋさんとは一度も会わず不義理を続けているが、このことはその後もしばしば思い出した。そして、彼が目をそらしたのは、私に頭を下げさせていることを、彼が喜んでいるのではなかったためと考えている。その時の表情は、人を屈服させて勝ち誇っているのとは正反対だった。

その後、次第に公安警察について理解するようになると、私が葛飾で活動しているのを機動隊員の保証人が知るためには、少なくとも葛飾の亀有警察もしくは本田警察、東大当局、機動隊の上司という「点」が結ばれなければならないということに気づいた。この関連で富永教員の「えこひいき」も、単に考え方が合わなかったためだけではないように思えた。卒論指導をしないと言った時の激怒は、いきなりで度はずれだった。彼は学長補佐で、東大生のブラックリストに私の名前があり、それを目にしていた可能性が考えられる。当然、証拠など何もなく、推論でしかないが、あの突然の激怒の理由として、これは考察するだけの価値がある。しかも、彼は戦争犯罪を問われた高田を称揚しており、この繋がりも軽視できない。

実践に対する一つの評価・考察（五）

自己分析は、自己を対象化し、できるだけ客観的に検討する作業である。ここで、公安警察の立場を想定して、そこから私自身を分析してみると、次のような見方が考えられる。

あの東大生は大学から地区に党籍を移した。活動している地域が「赤いベルト」で、まだ

「トッキュー」などと言っている党員といっしょに影響力を広げている。しかも、党籍を越え、「ミヤケン」の党中央が統制しきれず、あちこち出入りしている。

私が公安警察であれば、当然「マークしろ」となるだろう。そして、あの東大生は「ヤマダ」と呼ばれているという報告を受けたら、それは本名かペンネームか確かめろとなる。そのため、東大を管轄する担当部門から情報を得て、桐生の警察に連絡し、警官を親のところに行かせ、「お宅の息子さんは、今、どこで何をしてますか?」と質問させる。親は驚くが、簡単なことで、隠すこともないから「葛飾の〇〇に下宿して、東大に通っている」と答える。これで十分であり、「葛飾の〇〇に下宿して、東大に通っている」のは、あいつだけだから、山田はペンネームではなく実名だと特定できる。しかも、東大担当の情報では、保証人が機動隊員となっている。「何ということだ。いよいよ怪しい。断じて見過ごすことはできない」と、Ｆｋさんを詰問するが、私たちはほとんど全く会ってないから、すぐに彼への疑いは晴れるだろう。それでも、「お前が保証人になっているあの東大生は日共で、しかもマークされている。釘を差しとけ、それがお前のためだ」などと指示されたのだろう。

なお、見方を変えれば、公安警察がこのように私をマークしたとしれば、それは私の実践に対する一つの「評価」であると見なすこともできる。

幼なじみの登場

秋になり、幼なじみが親から聞いて私（子ども劇場）に電話してきた。彼女は東京にいるので懐かしいから会おうと言ったので、会った。会って雑談する中で、私は自分の活動について話した。彼女はそれに共感し、社会への不満を訴えだしたが、次第につきあっている男性の悩みになった。私は、アレッおかしいなと思ったが、これはカウンセリングだと思い、「聞く」ように努めた。

その後も電話がかかり、話を「聞く」ことになった。また、活動への共感を示すので、「拡大」にもなると励んだ。ところが、話しているうちに、相手の男性はつきあっているのではなく、実は結婚していると言いだし、その次は子供までいることが分かった。私はあ然としたが、やはり「聞く」ことが大切だと思っていたので、「聞く」ことを続けた。幼なじみだから余計に助けなければいけないとも思った。しかし、生半可な知識が、生兵法はけがのもとになった。そこには東大生のうぬぼれもあった（その後、この反省を踏まえ聞くと話すの弁証法の「対話」へと理解を進めた）。

Mjさんたちは注意しろと忠告したが、未熟でうぬぼれから半ば意地になり、「窮鳥懐に入れば…だし、心を込めて対応すれば解決できるし、それを見せてやろう」などと思っていた。ウランの時に達成できなかった課題への再挑戦もあった。その時、私に「査問」の呼び出しが来た。

査問

しばらく前から、民青中央が「退廃との思想闘争は、民主的青年運動の重要課題」を提起していた。*7 これまで述べたように、私の周囲の状況からまさにその通りと思ったが、いつの間にか、私が「退廃的」だと思われていた。主要には、前記の幼なじみとの関わりだったが（退廃だけでなくスパイの疑惑も出された）、他でもいくつかのうわさがあったらしい。私の下宿に女子高生や中年女性が時々訪れていたことは、私が東大生で、独身でということと組み合わさ

＊7　二〇一〇年七月六日、大阪府立大学セツルメント研究会が保存していた住吉セツルの「クルル」の「Sr．総会レジュメ」という表題の黄色B5の紙製ファイルを調べていると、その中にこの「退廃との思想闘争は、民主的青年運動の重要課題」があり、私も同じ文献を読んだことを思い出した。確認のため、民青新聞編集局に問い合わせたら、二〇一〇年八月二八日のメールで「この論文の初出は、一九七六年一月八日・九日に『しんぶん赤旗』に掲載された無署名論文です。発表した主体は日本共産党ということになると思います。この論文はその後、民青同盟中央委員会発行の『青年のモラルについて』というパンフレット（初版一九七六年三月一八日）に掲載されています」という説明を得た。クルルがファイルしていたものは、この無署名論文だけを一枚にまとめたもので、私も『赤旗』で読んだ後に、これを見た。

り、格好のうわさ話になったのかもしれない。定期試験のときなどは、真夜中に「助けろー」、「教えてくれ」と何人も押しかけて来た。ほとんどは男子だが、夜間では声しか聞こえず、誤解を助長した可能性は高い。

ただし、私は人生で結婚相手としか親密になってはいないことを確言しておく。その上で、当時のことを反省すると、私が対応した事柄は、人生経験のある既婚者が受け持つべきで、未婚の若造では無理で、まさに生兵法だったと深く反省する。また「マグソのキノコ」の忠告をしっかりと受けとめておくべきだった。

そして、Ｍｅさん（彼は七六年度で委員長を退き、党地区委員会に勤務）が私を呼びだし、「査問」した。彼も困ったような態度だった。「査問官」は他にもいたが、それまで会ったことはなく、名前を聞いたかもしれないが、記憶にない。

「査問」は数回で、私は一つひとつ説明し、彼らはそれぞれ理解を示すが、結論は「とにかく文章を書け」ということだった。その時、一二四頁で述べたチーズへの夢遊病のような訪問を追及されたら、たとえ手さえ触れなかったとしても弱ったが、大部前から会っていなく、党は知らなかった。当然、私も黙っていた（黙秘権）。

Ｍｊさんたちに相談すると、そうするしかないという態度だった。そして、雰囲気が全く変わり、遠巻きに見ていて、私を避けるようだった。これにはとても打ちのめされた。後になって、その理由を考えるようになるが、当時は傷ついただけだった。そのような中で、いくら説明してもだめなので、最終的に面倒で、バカバカしくなり、反省文のような自己批判を書いた。

後日、ソ連や中国の粛清や党内抗争を学び、その応用で推論すると、党の地区委員会で既に結論が出ていて、「査問官」たちはそれを実行しなければならないだけだったのだろう。そして、ソ連や中国では、このようにして書いた文章がブルジョワ退廃、反動、さらに反革命と引き上げられ、処罰や処刑に至る場合さえあったことを知り、日本でよかったと心から思った（さらに分派や保証人が機動隊員も加重されれば極刑）。それとともに、共産党の「ハウスキーパー」についても知り、この問題はどうするのだと疑問を抱いた。

離脱

自己批判を書いた後は、全く連絡が来なくなった。子ども劇場だけでなく、少年団や塾や高対部など全て禁じられ、何もできなくなってしまった。そして誰も関わらなくなった。むしろ遠巻きに敬遠されている感じが続いた。自分でもＭｊさんたちには顔を合わせられなかった。「老ボリシェビキ」には、外を歩いているときに一度会った。私はギクッとして、目を上げられなかった。彼は何も言わず通り過ぎ、それがかえってきつかった。

しばらくして、「山田君」と訪ねてきた子どもや、通学や買い物の途中で顔を合わせた母親（民青や共産党とは関係のない）などから、今までのうわさはやはり本当で、それを自分自身が認めたのだといううわさが耳に入った。また、Ｍｊさんに乗せられたというようなことも聞いた。どれも間接的であり、また、私が混乱していて、被害者意識が強くなり、本意は違うが、このように受けとめたのかもしれない。それでも、たとえ乗せられても、権力などに踊らされるよりはましだと思っていた。

当時、子ども劇場の事務所には専任がおらず、留守がちだった。鍵の管理が甘く、私が帰宅した時に男女二人が慌てて取りつくろう場面を目にしたことが幾度かあった。私は誤解されないようにと注意し、当人たちのことも考慮して他言しなかった。ところが、その二人のことも私のことにされたようで、あ然とした。この二人がうわさの広がりを助長して、自分たちのことをごまかしているようであった。しかし、これに対して反論したいと思ったが、組織からはずされたので、訴えるところはなかった。

日曜日に一浪（宅浪）となったNs君が来て、「おふじがFs町から来て、山田君のことを聞いていたよ」と言ったが、何も応えられなかった。何かことづけたり、後で手紙を出すことぐらいはできただろうが、混乱していて、どのように応えていいか考えられなかった。その後、何かできたのではないかと何度も思った。そして「側湾症で苦しくなければいいが」と祈った。

最終的に、もうこの地域ではお役ご免になったのだと判断し、大学院に進み、研究者として人生を再出発させようと決意した。混乱の中で、「漠然とした不安（芥川龍之介）」ならぬ漠然とした怒りも出てきて、これでは続けられないと判断した。この怒りは特定の誰かに対するものではないが、ふとしたことがきっかけで暴発すると、私自身も含め誰に向けられるか分からないように感じられた。

そして、この怒りに様々な想念が混ざりあい重苦しくて固い塊になった複合（コンプレクス）を感じながら、荷物を整理し、引っ越した。今まで活動を共にしてきた者はみな遠巻きに見ていたので、私から挨拶することもないだろうと考え、大家にだけ挨拶して、家賃を支払い、本郷キャンパスに通いやすい荒川区三河島に引っ越した。

後日、光熱費の清算などために、一度だけ再訪した。念のため忘れ物がないか確かめようと、暮らしていた建物のドアを開けた時、一階の子ども劇場の部屋で大学受験の浪人生と子ども劇場で働くことになった大卒間近の女性が身を起こしたのを見た。私は内心「退廃」だと思ったが、もうどうでもいいし、野暮な注意などしない方が二人のためだと考え、すぐにドアを閉め、隣の大家に鍵を返した。以前なら軽く声をかけられただろうが、その時は追われる鬼のような心境で、余裕はなかった。

自分は自分なりに一つの「細胞」として筋を通して生きていけばいいと考えた。かつて青年労働者が「ひとりになったっておいらは風魔！　ひとり風魔だ」と示したことや、Mjさんが繰り返し言った「意義と任務の桁なんかでやりたくないね」を想い出した。

しかし、胸の奥の重く固い塊はずっと残り続けた。それは一九八二年に洗礼を受けた後もしばらく残っていたが、数年後に気づいた時はなくなっていた。

予想される批判へ・考察（六）

以下のような批判が予想される。山田は自分に都合のよいことしか述べず、それぞれ辻褄を合わせてもっともらしく見せている。山田は「うわさ」と言うが、それこそ真実で、これを「うわさ」とすることで、山田が犯した数々の退廃的行為を隠蔽している。党の「査問」は適切であった。事実、山田は自分で非を認めて自己批判を書いたのだ。

このような批判に対しては、私は自分が「査問」で書いた自己批判書を、もう一度読ませてもらいたいと反論する。しかも、これは、当時の状況と、そこにおける私の心理を分析する上で、貴重な資料になり、自白の研究としても意味があるだろう。

このように考え、共産党葛飾区議の一人に私が記憶する名前を見つけ、私が書いた自己批判書を読みたいという要望を、二〇一〇年八月二三日に区議団事務局に電話で、二四日にメールで伝えた。その中で、回答がないことも一つの回答であると付記しておいた。しかし、返答がないので、三〇日に共産党地区委員会に、区議団から返答がないので地区委員会に問い合わせるという文章を付して、同様の要望を送信した。しかし、二〇一〇年十月十日の時点で返答はない。回答しないという回答を示したと言える。

また、自己批判書はあくまでも文章、言葉であり、文章や言葉は実践において検証されなければならない。そして、私はこれまでの人生を通して、自分が退廃的な人間か否か、私の約四〇年間の実践を通して検証してもらいたいと反論するだろう。

遠巻きにということの理由・考察（七）

私の「査問」では、Ｍ·ｊさんも党から言われていたらしい。「今は会えないし、会わない方がいい」ということを間接的に伝えられた記憶もある。その時は、あれだけいっしょにやってきたのにと思い、恨めしさ、悔しさ、失望などを感じたが、しかし、ソ連や中国の党内闘争や粛清を知るようになり、「会わない方がいい」という判断を尊重するようになった。民主集中制の下で、このような事態に置かれた党籍の異なる者に会えば、まさに自分から「分派」を証明することになる。だからこそ路上で会った「老ボリシェビキ」も何も言わずにいたのだろう。おそらく、他も同じようだったと思う。遠巻きに、山田が何とか凌ぐようにと見守っていたのだろう。しかし、私は力量がなく、それはできなかった。

おふじのことを伝えに来たＮｓ君は、高校時代は生徒会長を務め、私たちの活動でも指導的な役割を果たし、大いに評価されていた。落ち込んだ私に「ヤロードニキ！」と声をかけたのも、彼だった。

彼はＭ·ｊさんの家によく来て『赤旗』を読んだり、「党生活者」たちの議論を聞いていた。当然、民青の加入を勧めてもよかったが、彼の家庭は母一人子一人で、母親は一人息子が公然と活動する共産党員の家に行くのは耐えて黙認していたが、それ以上はできなかったと言える。息子のＮｓ君はこれを十分に承知していただろう。私たちもそれ以上は望まず、まず大学に合格し、アルバイトなどして、母の負担を軽くし、次第に自立してからにしようと見守っていた。このしっかりしてるが、民青に入っていない彼が、「査問」された私のところに来たことは、彼なら分派活動にはならないという判断からかもしれなかった。しかし、この可能性に気づいたのは、『査問』を読み、さらに内外の党内闘争に関する文献を読んだ後だった。

もちろん、彼が個人の判断で来た可能性もある。彼は、生徒会長を終えた秋頃から、私の下宿によく来て、スタッフが帰った後の子ども劇場の机で受験勉強をするようになった（他にもいたが、彼が一番頻繁だった）。私もそこで読書したり、質問に答えたり、雑談した。彼は浪人生活からストレスで胃腸がやられて下痢気味の体調で、「おふくろがアロエがいいと言ってる。でも、とても苦い。人生の苦さが分かる」などと言って、家から切り取ってきたアロエの葉っぱを私にくれた。このようなつきあいがあったので、みな離れた中で、私のところに来たのかもしれない。

Ｎｓ君が毎晩のように子ども劇場の部屋で受験勉強していたのに、ぱたりと来なくなった理由を考えると、次の可能性もある。母親は私のところに行くのも反対だったが我慢していた。しかし、山田にみだらなうわさが広まり、息子に〝あなたまで変な目で見られたら、お母さんは世間に顔向けできない。お願いだから、もう絶対に行かないで〟と彼に告げたという可能性である。もちろん、共産党が民青を介して間接的に、青年同盟と党に損失を与える反共攻撃に使われるから、彼を私のところに行かせるなと指示した可能性も考えられる。そして、下町では様々な人間関係が絡みあっており、それらが複合していたとも言える。しかし、彼は自分で考え、判断できる人間で、それにもかかわらず私のところを訪ねたが、未熟な私はその機会を活かせず、むしろ彼を傷つけてしまったのかもしれない。

しかし、いずれにせよ、そのように考えられるようになれたのは近年であった。当時は混乱したなかで、「お前も離れていって、何だ!?」と受けとめていた。それが態度に表れたのは、自分でも分かった(むしろそう見せたかった)。彼は、おふじのことを伝えると、すぐに帰って行った。

その上で、これに関連して、『査問』一二〇~一二一頁の「上田耕一郎の講義」について述べる。川上は上田が彼と「なかなか視線を合わせようとしない。天井や壁のほうを見ながら、一方的に話し始めた」と述べ、次のように続けている。

「『これからあなたが、どのような生き方をするにせよ、ボクの話をぜひ参考にしてください』上田はそう言って一時間ほどの話を終えた。上田がこの査問にどのように関わっているか、それは分からなかった。だが彼が誠意をもって党の見解を述べようとしたことはよく分かった。それにしても、筆記具も何も持たない『学生』に向かって講義をしなければならない『講師』はどんな気持ちだったろう。

上田が席を立とうとしたとき、思わず私は声をかけてしまった。

『上田さん、ボクは上田さんの書いた『戦後革命論争史』の上・下巻を、学生時代に熟読したんですよ。あれはいい本でした。ずいぶん影響されました』

上田は何も答えず、笑顔で会釈したまま部屋を出ていった。私が『戦後革命論争史』について上田に声をかけたのは、ことさら他意があったからではない。真実懐かしかったからだった。」

私は、川上の発言は、ソ連や中国などでは上田の命取りにさえなるものだと考えた。そのような場合、上田は徹底的に川上と自分の違いを、その場で確認させなければならない。それでも危険はつきまとい、最終的に上田が川上を公然と打倒しなければならなくなる。自分を守るためにはそれが必要である。さらに、悪質な場合は、上田のライバルが上田の失脚を画策して、意図的に彼を川上に講義させることさえあるだろう。

しかし、そのようなことはなく、上田が党の幹部の地位を保ち続けたのは、日本共産党はソ連や中国よりもましであったことを示している。そして、川上が他意なく「上田さん、ボクは上田さんの書いた『戦後革命論争史』の上・下巻を、学生時代に熟読したんですよ。あれはいい本でした。ずいぶん影響されました」と言えたことは、とても良かったと考える。私が最後の機会を活かせなかったことを反省すると、なおさらである。

二、学園

ノンポリでモラトリアムのＯｙ君

私は暴力には反対するが、私に卒論は指導しないと宣告した富永教員（一二六頁参照）が新左翼系の学生にキャンパスを引きずられて赤門から放り出されたと聞いたときは、全く同情しなかった。祝杯あげることもなかったが、彼はそれくらい体験するのがいいと思った。

このことを私に話したのは静岡出身のＯｙ君で、彼はノンポリでモラトリアムだった。彼は西欧系の文学（学科は憶えていない）を専攻していたが、文学が好きなわけではなく、勉強も適当だった。私には積極的につき合おうという気持ちはなかったが、留年して知りあいが少なくなっていたので、キャンパスで会うと話すようになった。話してみると、意外に気があって、彼からおもしろいことを聞かされた。親は地元の有力者のようで、政界や東大の裏話を時々話した。ノンポリでモラトリアムなのは、それへの反発らしかったが、留年は一年だけで卒業していった。「(地元出身の保守政治家の)秘書になるのかなぁ」とつぶやいていた。

そのようなOy君だったが、富永教員の件では、同情している様子はなく、むしろおもしろがっているようだった。あいつならそれぐらいやられた方がいいという態度さえ感じられた。彼は私の知らないことを知っていたのかもしれない。

文学部社会学科（五）　卒業の延期と大学院受験準備

Oy君は卒業していったが、私には必修のゼミと卒論の単位を取得するという難題が残されていた。しかし、この年も手をこまねいているうちに過ぎてしまった。そして、年度末には長距離電話で親に前年と同じ理由を話し、同じように励まされ、さらに罪悪感が増した。

それでも、前年とは違い本気で「大学院を目指す」と言えたので、この点では罪悪感は軽減した。同時に、本格的に社会教育学の学習と英語やフランス語の復習を始めた。様々な出会いや対話の生活から一転して、学業を中心に下宿と教室と図書館の三つを巡る暮らしになった。

第六章

一九七八年を中心に

一、地域

引っ越し―ハングルの聞こえる地域で

葛飾のことは忘れようとしても忘れられないが、思い出せば胸が重苦しくなるので、学業に専念する方がましだった。Ｍ・ｊさんたちの期待に応えられなかった悔いや無念さ、高校生や子どもたちに何も説明できなかった後ろめたさや罪悪感はあったが、民衆集中制の組織に対してはほとんど何も感じなかった。

引っ越し先を探すと、大学が紹介するものの中でとても安いのがあり、それに決めた。駅にも近く、通学しやすかった。暮らし始めた頃は気づかなかったが、しばらくして「オモニ」など聞き慣れない言葉を路地で耳にすることがあった。また、下宿の部屋と狭い路地を挟んで向かいの家で、夜になるといつも年輩の男（おそらく父親）の声が聞こえてきた。大体、仕事から帰って晩酌で気分がよくなるような時間帯に始まり、何時間も続いていた。男の声だけが大きく、延々と説教しているようで、あんなにしゃべり続けていて疲れないのか、誰が聞かされているのか、すごい忍耐力だなぁなどと感心していた。

ところが、毎晩耳にしていても、意味はまったく分からなかった。私が勉強した（乏しい語学力の）いくつかの外国語ではないようだった。しばらくして、その声調や抑揚から朝鮮／韓半島の言葉ではないかと思うようになった。それまで、隣国でありながら、私はハングルを耳にしたことはなかった。その後、二〇〇二年秋から拉致問題との関連や、同時期に始まった韓流ブームで朝鮮／韓半島の人たちの演説、発言、会話など耳にして、あれと似ていたなと思い出した。

ここから二年後にまた引っ越し、ずっとそこを再訪することはなかったが、一九九六年に仕事で近くに行った時に、懐かしいなと思って立ち寄った。すると、至るところにハングルの宣伝や案内があり、店では商品名などみなハングルだった。貸しビデオ店の棚にはハングルのビデオが並んでいた。それで、私は雑貨屋に入っておばさんに質問した。

「二〇年ほど前に、ここで暮らしていました。その時はハングルは見かけなかったのですが、今はどこでも使われています。これはいつごろからですか?」

「そうだね。七、八年前くらいかね（おそらく八八年のソウル・オリンピックが契機）」

「そうですか。それでおばさんはずっとここで暮らしてたのですか?」

「ずっとここだよ」

「どうして前はハングルを使わなかったのですか?」

私は、ある程度分かっていたが尋ねた。やはり、おばさんは「そりゃ、できなかったからね」と答えた。そして、私はお礼を言って店を出た。念のために、隣の店に入って同じように質問したが、答えは同じだった。

チーズとの再会と別れ

チーズは卒業し、コンピュータ関連企業に就職した。それが分かったのは、私が葛飾から離れて一、二ヶ月後に彼女から葉書が届き、再会したからである。葉書の宛先は旧住所で、転送されてきた。また、彼女の住所を見ると、引っ越していた。

私たちは中野のあたりで会い、喫茶店で話し、そこを出た後も歩きながら話し続けた。数学を専攻した彼女はコンピュータ関連企業で「大きな段ボール箱のような」パソコンの販売やリースの営業をしていた。これ一台で人件費が大幅に削減できるなどと勧めていると、自嘲気味に語った。私も「首切り」、「合理化」などの言葉をすぐに思い浮かべたが（「リストラ」が使われるのはその後）、自分だって地域からも、運動からも離れたのだと思い返し、ただ相づちを打つだけだった。私の方は大学院進学のための勉強を話したぐらいで、後は当たり障りのない話題を見つけては、おしゃべりを続けた。

最後は、非力、不徳、失敗、失望、逃避などが混ざりあい、自分にはつきあえる資格などないと思った。また内心で彼女にすがる気持ちが動いているのが感じられ、そうするならば負けたまま闘いを止めてしまう気もした。確かに葛飾から逃避したが、自分の生き方から完全に逃避したくはなかった。しかし、これらが複合した心理まで話すことはできなかった。そして、「もうこれ以上は話せない。元気で」などと言って別れた。「これならば会わない方がよかったのに、また失敗と後悔が増えた」と思ったが、手遅れだった。

ＯＡ（オフィス・オートメーション）やＭＥ（マイクロ・エレクトロニクス）が話題になったのは、その後である。これらについて労働者教育や企業内教育の関連で研究していたとき、チーズが話したことを想い出した。

二、学園

文学部社会学科（六）「仏」の学恩

もはや地域を失い、大学に戻るしかなかった。そのため、一九七八年度には、意を決して

「仏」と言われていた青井先生に頼みこみ、ゼミを変更しようと考えた。確かに「仏」で、温厚な態度で何も問いただださずに認めてくれた。さらに、大学院を教育学研究科に変えたとき、受験のための書類に推薦文の欄があり、「仏」にお願いした。この時も、「仏」は志望動機などの要点を簡単に聞いただけで、さっと書いてくれた。この学恩はありがたく、今でも忘れない。

このゼミは人数が多く、それに紛れて目立たないように過ごした。前のゼミの反省と学習の結果で、その効果があり、単位も取得し、卒論も通った。卒論は「社会システム論と変革主体形成の理論」で、主にパーソンズを批判し、社会変革と自己変革を統合的に進める主体の形成を論じたものである。既に学び始めていた社会教育の観点を取り入れていた。あの富永教員はどう評価するかなと思ったが、通って、卒業できたのでホッとした。

教育学部社会教育学研究室

教育学部社会教育学研究室に碓井正久先生を訪問し、社会学科に在籍しているが大学院は社会教育を専攻したいと話し、指導を願った。そのことは『平和教育の思想と実践』の「あとがき」で述べている。

学部が異なっていたが、授業の出席を認められ、受講した。その中で知りあった研究室所属で大学院を志望する学生たちとジョン・デューイの『民主主義と教育』を英文で輪読した。このようにして、一九七八年は、文学部と教育学部の二つで勉強したが、それは東大と下町の二つよりもはるかに近く（心理的にも物理的にも）、重苦しい内心とは別に、とても楽だった。

第七章

一九七九年以後

一、地域

ノンノ（ノン）とチェリー

大学院に入学してから二、三カ月後、埼玉県志木市で偶然に亀有のセツラーだった「ノンノ（ノン）」と会った。少し言葉を交わしただけだったが、彼女が志を堅持しようとしているのを感じた。グラッチェと話す女子セツラーは数少なく、彼女はその一人だった。グラッチェも「ノンノ、どうしてる?」などと聞くほどだった。

その時、彼女は「チェリーは職場の少数の組合で頑張っている」とも言った。優しく、おとなしそうに見えたチェリーが少数の組合で頑張っているのを聞いて驚くとともに、ますます自分が卑小に思わされた。

私は後ろめたさから、話を早々に切り上げ、避けるようにして別れた。ノンを失望させたと感じ、さらに心の痛みや重苦しさが増した。こうして、セツルや葛飾での資料は全て破棄した。

他方、エリクソンのアイデンティティについて読み進め、今の自分はクライシスにあると意識した。そうでなければなおさら苦しかったと言える。その後、さらにフレイレの「意識化」を学ぶようになり、次第に重苦しさを意識しなくなった。「意識化」により意識を軽減、あるいは転換させることは、まさに「意識化」の弁証法と考える。

社会教育実践

大学院を修了し、助手を経て、秋田大学に社会教育担当の教員として赴任した。数年後、学生とともに県立岩城少年自然の家でボランティアをするようになった。学生指導を兼ねていた。一九九五年の夏、小中学生対象の宿泊プログラムで、二人の中学生と出会い、語りあった。しばらくして、少年自然の家から、Ｋｒさんの手紙と写真が転送されてきた。彼女は手紙で、次のように書いていた。

「お元気ですか？　秋の岩城で会った時、夜一時間位ずーっと話してくれてありがとう。ためになりました。山田先生が『君達と話していると大人と話しているみたいだ』と言ってくれたのが、とてもうれしかったです。これからの事等、悩んでいたので、モヤモヤがはれて、何かスッキリしました。将来の私の夢も、もっとなりたいナァと思えました。山田先生は、子供に夢を与えられるんだね。すばらしい事だと思います。今、私達がやらなければいけない事は何かと考えると、たくさんありすぎて頭が痛くなってくる。でも、私なりにいろいろと考えてみました。私は今この瞬間（とき）を大切にがんばりたい。一歩進んで、二歩さがってもいいから進みたい。だけれど『自分を忘れずに進みたい』　これが私の出した答えです。それでは、お体に気を付けてこれからもがんばってください。」

これを読み、「教えるとは希望を語ること。学ぶとは誠実を胸にきざむこと」を実践できたと、うれしかった。同時に、二十年前にこれができたらと思い、その時の子どもたちにすまなく、心が痛んだ。

なお、Ｋｒさんは九七年一月の「心に刻むアウシュヴィッツ秋田展」でボランティアになった。[*1] その後も時々便りが届き、大学では生涯教育を専攻し、卒論ではイギリスの教育改革を研究したという。

＊1　山田正行『希望への扉―心に刻み伝えるアウシュヴィッツ―』同時代社、二〇〇四年、二〇〇～二〇一頁。

二、学園

責任の負い方―理論的実践

大学院で宮原誠一を学び始め「最も実践的な末端」を知り、これは地域で実践していたことを考えるために重要な鍵概念であると思った。しかし、私は実践で失敗し、最終的に離れたので、そう思うことは却って重苦しさを増した。その中で、何とかして、研究者として再挑戦しなければならないと考えた。このままでは挫折と敗北に終わるが、自分から諦めない限り、別な形で再起できるだろうと考えた。また、再起しなければ、かつて下町で子ども、高校生、勤労青年に、社会を変えて、自分も変えて、社会も自分も良くしようと語りかけながら離れてしまったままで、無責任である。

確かに、あの時は若く、未熟で、力不足であった。しかし、離れたままではなく、闘う場は変わり、闘い方も変わったが、闘い続けることにより、少しでも責任を補いたいと考えるようになった。

そして、アルチュセールの理論的実践を知り、彼を研究するようになった。これは「社会教育実践分析の過程とアクション・リサーチ」(『日本社会教育学会紀要』第二〇集、一九八四年)や「高齢者の学習とアイデンティティ」(『社会教育実践の現在・一』叢書生涯学習第三巻、雄松堂、一九八八年)などにまとめられている。それはまた、自分の理論的実践を問うものであり、ただアルチュセールを摂取するだけでなく、それを日本の現実に引きつけて応用しなければならない。こうして私はアウシュヴィッツ、日本軍「慰安婦」、南京大虐殺/事件などを通した平和運動、平和教育の実践に努め、それを記録し、まとめてきた。

文学部社会学科（七）　失望の中でも得た成果

まず、社会学科の授業において観察したことは、ブルデュの『ホモ・アカデミクス』（日本語訳は藤原書店、一九九七年）などを読む上で、とても参考になった。日本の大学における「ハビトゥス（複合的習性）」について考えるための事例はとても多いと言える。

次に、ゼミで触発されてウェーバーを読み、「支配の社会学」を勉強した。教員の「ハビトゥス」には権威主義の要素が大きく、多くの具体例を富永教員から得ることができた。これは「ハビトゥス」を知る前、既にゼミ生であった時から感じていたことで、ウェーバーを富永教員に適用したらどうなのかと内心で思っていた。「カリスマ的」支配ではないが、近代の官僚的支配と言うには権威主義が強すぎて、名望に頼る前近代的支配がふさわしいのではないかというのが暫定的な仮説であった（なお官僚的支配と名望的支配については、ゲーテの箴言「二つの平和な暴力がある。すなわち法律と礼儀作法である」の方が鋭いと考える。これはブルデュの「象徴的暴力」の先駆と言える）。

第三に、フロイトやエリクソンを学び、富永教員の表情の変化について考察するようになった。彼の表情は、むっつりという状態が基本であったが、しばしば変化を見せた。しばらくすると、そこに法則性があり、表情の変化には好き嫌いが反映しており、その判断基準は、自分の言うことを聞くかどうかであることに気づいた。これは彼の言うことを聞くだけだった学生では捉えきれなかったであろう。

変化の法則性の中には、特に不機嫌になった後の笑顔というパターンがあった。このパターンについて分析すると、彼はウェーバーの「価値自由」を幾度も語るなど（ヴェルトフライハイトと独語を多様）、客観的な考え方を説いたが、好き嫌いという感情（主観）に規定されており、特に自分の言うことと異なる発言が出たときなど、つい嫌悪の主観が表情に出るが、これに気づき、カモフラージュして自分は客観的であると見せるために寛容な笑いを浮かべ、同時に、この笑いにより不機嫌になった自分がゼミ生に与えた影響を緩和し、ゼミ生の印象が悪くならないように懐柔したのだ、と考えることができる。それはまさに飴と鞭の使い分けであった。

この点で、フロムやテオドール・アドルノの「権威主義的パーソナリティ」の研究を踏まえれば、彼の笑いには権威主義と相関し、表裏一体である、ご機嫌とりの追従があったと捉えることができ、さらに、補佐の彼が総長の前でどのようであったか類推できる。もちろん、ゼミ生の方にはもっと多くの追従があり、それを彼は欲していた。そこには権威主義と追従の複合（コンプレクス）が形成されていた。

ただし、この分析が妥当か否かについて、さらにデータを収集し、多面的に検討する必要があると自覚している。それでも、ここまで分析を進めることができただけでも、一定の成果と言えるだろう。この点で、体制側とはどのようなものか知ろうという私の目標（一一二頁参照）は、十分に達成できたと言える。

自己分析（疑心暗鬼―トラウマ、警戒心、批判精神、反省的思考のコンプレクス）

東京大学大学院教育学研究科院生協議会（院教教）に誘われた。これは院生の自治会に当たる組織だった。これに関わることはやはり重苦しい思いを刺激し、気が進まなかったが、生来の性格は変えられず、集まりに出て、ついつい発言するようになった。

しばらくして、葛飾の社会教育専門職員のX氏が〝汐見稔幸先生に講演依頼を兼ねて研究会に参加したついでに〟と、社会教育学研究室に現れた。私は驚きながら対応した。当然、私は過去のことを自分から触れる気にはならかったが、やはり聞こうと思って、Mjさんのことを尋ねたら、〝高速道路の建設などであの地域は……。千葉の方に引っ越したようです〟などと答えた。これを聞き、「彼もよく分からないのか、それならその方がいい」と思った。

そして、X氏は帰っていった。私は「無愛想だったのではなかったか。でも、もう来ない方がいい」とともに「また来るだろうか」などと考えた。まさに葛飾を舞台にした映画「男はつらいよ」の車寅次郎のセリフ「思い起こせば恥ずかしきことの数々、今はただ後悔と反省の日々を過ごしております」で、葛飾の関係者に会えば、さらに内心の重苦しさが強まるばかりだったが、それと同時に、消息も知りたいという二律背反の気持ちが複合していた。

しかし、その後、彼と会うことはなかった。もちろん、来たとしても、私とすれ違いで会えなかったのかもしれない。そして、このように気になって考え続けると、次第に考え方が疑惑に向かうようになった。つまり、葛飾では、X氏が現れた後に、うわさが広がり「査問」となったことと、東大では、院教協で発言するようになった後に、X氏が現れたことの関連が気になった。しかも、大学院の授業は少なく、毎日研究室にいるわけではないのに、X氏はちょうど私がいる時にやって来た。

これに加えて、研究ノートがなくなったことも気になった。確かに院生自習室の机の上に置いていたはずだが、見あたらなくなった。少しずつ外国語の文献を読み、書きためてきたもので、論文を書くために大切なものであったから、教室や図書室などを探したり、聞いたりしたが出てこなかった。盗難が多いから注意するようにと掲示されていたが、私のノートなど、私以外には価値がなく（他人が読んでもよく分からない）、盗まれたとは到底思えなかった。そして、「私を調べるためにノートを盗んだのでは」と疑いに拍車をかけた

こうして、疑えばきりがないと思いながらも、疑心暗鬼に陥り始め、警察が実家に来たことや、機動隊員のＦｋさんに呼び出されたことまで想い出され、次のように考えるようになった。

当時のうわさは、もしかしたら〝桐生の父への職務質問、保証人の機動隊員の呼び出しと二度も警告したのに、止めないどころか、もっとやり出している。三度目の正直で、今度は打撃を与えなければならない〟として、私に情報操作で心理的に打撃を与えるためだったのかもしれない。そのために、党と民青の退廃批判キャンペーンを利用して、山田は退廃的だといううわさを広めたのだろうか。

もちろん、私も未熟で隙だらけだった。チーズやおふじの時は凌いでこられたが、遅かれ早かれやはり三度目の正直で、大失敗をする時に近づいていたかもしれず、そうならなかっただけ、よかったのかもしれない（夢では何度も一線を超えていた）。

また、私が葛飾から離れた後は、〝山田が葛飾から消えて、どこに行ったのかと思ったら、今度は、あの宮原誠一や五十嵐顕、そして川上徹などがいた東大教育学部で何かやりだしているぞ〟と公安当局は見ていたのかもしれないとも考えた。私も疑えばきりがないが、向こうも疑えばきりがないだろう。フッサールを援用すれば疑心暗鬼の相互主観性と言える。

仮にそうである場合、当局は葛飾の公安部局に連絡し、葛飾で私に直接会った者に、東大大学院の「山田」は、以前葛飾の「赤いベルト」に住みつき、まだ「トッキュー」などと言っている党員たちと活動していた「山田」と同一人物であると確認させたという解釈ができる。し

かし、よく調べると、もはや「山田」は組織的に活動していないので、それ以上は何もしなかった。また、その頃は既に学生運動は沈滞していたので、従来よりも警戒する必要はなかった。そのため、X氏の訪問は一度だけであった。

以上は公安当局を想定しての疑心暗鬼だが、これは共産党にも向けられた。「査問」の後、党の結論が下される前に山田はいなくなったので、処分を宣告する必要があった。しかし、この場合は東大の党組織を通じて宣告すればいい。その頃は、院教教も、学部自治会も目に見えて停滞していたが、それでも組織はあったはずである。こうして、共産党の場合はないと思ったが、それでも、幾人かの院生から遠巻きに見られているという視線が感じられた。葛飾の時に負ったトラウマのため過敏に反応したというより、その経験により鋭敏に感じられたと分析できる。何故なら、私の言動や研究内容から『月刊社会教育』や社会教育推進全国協議会を勧められて当然なのに、全くなかった。少なくともこれは傍証になる（『月刊社会教育』編集協力委員になるのは秋田大学赴任後）。さらに、院生と学部生の交流はほとんどないのに、活動的な学部生が私を知っていると気になった。普通なら、自分はそれほど知られているのだと喜ぶところだが、私の場合は疑念が生じた。

しかし、いずれも推論であることは自覚していた。従って、X氏は自治体職員だから葛飾区に電話をすれば、まだ本人と直接話ができ、確かなことが分かるだろうと考え、葛飾区のHPで調べると確かに在職し、職場の電話番号も分かった。しかし、なかなかできず逡巡していた。数日悩み、二〇一〇年八月三日に電話した。X氏は私のことを憶えており、話ができた。秋田大学の転任も論文を通して知っていたと語った。さらに早速、大阪教育大学の私のアドレスにメールを送ってくれた。

私は疑心暗鬼を恥じた。X氏が葛飾から東大、秋田大、大阪教育大と移った私に、これほど関心を寄せてくれるのは感激である。公安当局なら自分の管轄から外れる者にまで監視しないだろう。私は自分が全国的な範囲でマークされているとまでは自惚れない。

それでもなお、何故X氏は私が東大の院生であったことを知ったのかと気になった。私は葛飾の関係者と全く関係を断ちきっていた。葛飾から引っ越して一年後に大学院に入学しており、また引っ越し前には大学院進学について語っていなかった（負け惜しみに聞こえると思い意地でも言わなかった）。さらに、研究の蛸壷化が進行し、近くの研究室でも誰が所属しているのかよく分からない状況であり、まして彼は学外者であった。

そして、Mjさんでさえ、その時点では私の大学院進学は知らなかった。X氏提供の情報を手がかりに知ったMjさんの職場に二〇一〇年九月一日に電話して聞くと、彼女は『月刊社会教育』一九九一年二月号で私の名前を見つけて知ったと答えた（この論文は「自己啓発と自己教育、再論―企業内教育の現在―」）。

このようにして、疑心暗鬼はなおも続く。そして、止まらない疑心暗鬼を考えるとき、「風魔」とともにKi君が紹介した抜忍「カムイ」を連想した。しかし、その直後に、これは『カムイ伝』や『カムイ外伝』を読んで、自分を「カムイ」になぞらえた結果で、ただ悲劇の主人公を気どっているだけではないかとも考えた。それは自己愛的な願望（要因）と結果のすり替えである。やはり、この点についても疑えばきりがなく、無限に続く。

自分でも疑い深くて性格が悪くなったと思わざるを得ない。さらに、人を疑うのなら、「マグソのキノコ」のようにあちこち顔を出していた私自身こそ、スパイとして情報を集めていたのではないかと疑われてもおかしくはない。わが身を省みて、ものを言わなければならない。

そして、このような心理的状態を、私はトラウマと警戒心に研究者としての批判精神や反省的思考が絡みあった複合（コンプレクス）と自己分析する。この点で、セーレン・キルケゴールが「不安は一種の反省」と述べたことは熟考すべきである。[*2] また、かつて、特高警察の被害者が戦後も激しく怯えていたことをしばしば読むが、私のような体験でさえ、これだけのコンプレクスが形成されるのである。これは本人の性格ではなく、暴力の所産であると考えるべきである。そして、この意識化を手がかりに、無限に繰り返す疑心暗鬼を乗り越えることができる。そのために、私はパスカルに学び「人間が無限に人間を超えることを学べ」（前出）と、無限を積極的な方向に転じようと努める。この無限に学習の中には、様々に考えるだけでなく、考えないこと（仏教の止観、フッサールのエポケー＝判断停止）も含む。

また、たとえ私の努力が成果に結びつかないとしても、ここに述べたことは一つの資料となり得るだろう。

＊2　浅井真男訳「あれか、これか」『キルケゴール著作集』第一巻、白水社、一九六三年、二四五頁。

むすび

地の塩―考察（六）

キリスト教（プロテスタント）の教会に通い始め、洗礼を受けた（一九八二年六月十三日）。それは、ここで述べた体験の他に、欧米思想の研究を進める中でキリスト教やヘブライズムを理解しなければならないと思ったこともあるが、何よりも神の存在を確信させられたからであり、これが第一である（説明しようとしても言葉では表せない）。信仰により合理的な思考が妨げられると見なされるが、私は合理性も続けて考究しており、信仰により合理的にも非合理的にも思考できるように努めてきた。単純にマルクス主義からキリスト教に乗り換えたのではなく、生と死の探求の結果である。

一九八四年に博士課程を修了した後は、東大の助手となり、一九九一年から秋田大学で助教授、教授を務め、県の社会教育、生涯学習、社会福祉などの委員に任命された（二〇〇二年度から二〇〇三年度までは秋田県社会福祉審議会委員長）。それらの会議で、私は子ども会・少年団、学童保育、子ども劇場（親子劇場）などが子育て支援事業のとして取り上げられ、政府が施策として推進し、あるいは県行政が取り組み、またあるいは支援や注目をしていることを知り、内心であ然とし、〝これは、昔、私が公安当局にマークされた活動ではないか?!〟と思った。確かに、地域づくり、児童環境の整備、青少年の「生きる力」の育成など、表現や文脈が異なるが、ほぼ同じ内容である。

同時に、かつて私が大いに教えられたMjさんを思い出した。彼女は、まさに先覚者の一人であった。ここで政策を見ると、一九七四年、総理府は「婦人問題総合調査報告書」で学童保育の制度化を提言し、一九七六年、厚生省は「都市児童健全育成事業実施要綱」で「児童育成クラブ」の事業を開始し、それは事実上の学童保育への国庫補助の始まりと言われている。そして同年、学童保育全国連絡協議会は第一回全国指導員学校を開催した（以後、毎年開催）。

このように、確かに国（上）は一九七四年に政策を出したが、しかし、下の葛飾では学童保育などは「アカ」の言うことだと見られていた。その中で、Ｍ.ｊさんは地域で先進的に奮闘していた。それが、一九九〇年代では少子化における子育て支援事業として政策の重点に位置づけられるようになったのである。私はやりきれなさと同時に、彼女の先駆性を何としても書き残したいと思った。

また、私が出会った「細胞」のような党員たちについて振りかえると、「角を矯めて、牛を殺す」という喩えを思わされた。ここで言う「角」とは闘争本能、気概、気骨と考える（この関連で「トッキュー」についても見過ごせない）。そして、あのような党員を党活動から離れさせてしまったことは、党にあった「角を矯めて」、見栄えをよくしたが、それは一種の「去勢」となり、「アソシエーション」を目指す共産主義運動の活力が根幹で失われ、「飼い馴らされ」てしまったのではないかと慎重に再考する必要がある。

この他にも、組織の上ばかり見る者が多い中でほとんど顧みられないが、黙々と活動している人たちがいた。そして、以上のような人々は歴史の中に埋もれてしまったが、私は「地の塩」だと見ている（マタイの福音書・五章一三節）。これはマルコの福音書・九章四九節「人は皆、火で塩味を付けられる」と合わせて読むと、より深く考えさせられる。

けじめ―党費を納めていなければ党籍はない

時間の経過とともに記憶が薄れるが、未熟でいいかげんな党員だったという思いは強くなるばかりで、やはりけじめが必要だと考えていた。しかし、引け目は強く、ぐずぐずしているうちに二十年以上も過ぎた。

二〇〇〇年に、所用で秋田から東京に出るとき、党本部に行き、けじめをつけようと思った。その一、二年前に葛飾に行ったことがあるが、確かにX氏の言ったとおり高速道路ができ、町並みが変わっていた。下宿した一戸建ても、Mjさんの家も分からなかった。こうしてウロウロしていると、ばったりとMjさんに顔を合わせるのではという気持ちが強まり、怖くなった（引っ越したと聞いていたが、それでも感情が起きた）。そして、葛飾を離れた。

その後、前記のようにまた東京に行くことになったが、葛飾に行っても、ますます分からないだろうから、党本部に行ってみようと思った。しかも、その方が心の負担が軽かった。党本部の前に来たときは少し緊張したが、中に入り、受付に「以前党員だったが、どうなっているのか聞きに来た」と尋ねた。しばらく待たされ、年輩の男性が出てきて、「党費を納めていなければ党籍はない」と言った。その口調から、こんなことで一々聞かないでくれという意味が伝わってきた。私は拍子抜けし、「ああ、そうですか。お忙しいところ、ありがとうございました」と挨拶して出た。これだけであったが、私としては、一つのけじめができた。

アソシエーション―人類史を通じた追究

それから十年後、四〇頁で先述したとおり『生涯学習とアソシエーション』の書評で『共産党宣言』の「アソシエーション」の箇所を引用した。三十年以上も試行錯誤や疑心暗鬼を繰り返しながら、これは変わっていないと言えるが、しかし、キリスト教を信じるなど、変わったところも数多い。どこが変わり、どこが変わらないのか、それを少しでも明らかにすることが、本書で試みた自己分析の目的の一つである。

そして、「各人の自由な発展が万人の自由な発展の条件となる一つのアソシエーション（協同社会）」に関しては、『共産党宣言』に止まらず、他も学んできており、以下にその要点を列記する。

一、「体は一つでも多くの部分から成り、体のすべての部分の数は多くても、体は一つであるように、キリストの場合も同様である。……一つの部分が苦しめば、すべての部分が共に苦しみ、一つの部分が尊ばれれば、すべての部分が共に喜ぶのです。」（聖書・使徒書「コリントの信徒への手紙」十二章十二節以降、新共同訳）

「一」は「すべて」であり、かつ「すべて」は「一」であり、それは統合と分化の弁証法に基づいている。

二、「転下に人は万万人にして一人なれば……」、「人は万万人なれども、一人なり。一人なれども、万万人なり。」（『稿本自然真営道』第二五巻「真道哲論（良演哲論）」、『安藤昌益全集』第一巻、農山漁村文化協会、一九八二年所収）

「転下」は「天下」に通じるが、安藤とその同学は事物を運動として弁証法的に捉えており、それを「転」で表していた。だからこそ、「万万人」は「一人」であり、かつ「一人」は「万万人」である。

三、「一人はみんなのために、みんなは一人のために（un pour tous, tous pour un）」（アレクサンドル・デュマ・ペール『三銃士』）

これはラグビー界でも使われるようになり、また「ドイツ農村信用組合の父」と呼ばれているフリードリッヒ・ヴィルヘルム・ライファイゼンが信用組合の運動で用い、さらに労働運動などに広がった。

四、「一即多、多即一」の弁証法

西田では「色即是空、空即是色」（『般若心経』）という仏教的な性格が濃く、これを三木はマルクス主義的に継承発展させ、それを宮原は形成と教育においてさらに展開した。これについては前掲『平和教育の思想と実践』で述べてある。

五、以上は共存、協力、平和を基調としているが、戦いを基調としたものに「分久必合、合久必分」（羅貫中『三国志演義』冒頭）がある。これは、戦いの称揚に注意しつつ、「権力は腐敗する。絶対的権力は絶対に腐敗する」（アクトン卿の警句）と組み合わせて考えることが重要である。つまり、戦いは力の優劣により勝敗が決し、それによる「合」は権力をもたらす。そして、権力は非人間的な支配と不可分であり、人間性を劣化させ、腐敗をもたらし、「分」に帰結する。

他方、闘争本能は創造性と密接不可分であり、人間から戦い・闘いを取り去ることは「去勢」となる。それ故、一〜四に加えて、五の「分久必合、合久必分」も重要なのである。そして、協調、平和、愛を基調とする一〜四に、闘争を基調とする五を組み入れることは、フロイトのエロスとタナトスに通じる。この四対一の割合は、人類が戦いで自滅しないための目安と言えよう。この点で、ヘミングウェイが『誰かために鐘は鳴る』で引用したジョン・

ダンの「なんぴとも一島嶼にてはあらず／なんぴともみずからにして全きはなし……」（大久保康雄訳）は熟読すべきである。そして、西田の「絶対矛盾の自己同一」に注目すべきである。「絶対矛盾」にはトマス・ホッブズの「万人の万人による闘争」（『リヴァイアサン』）が内包されており、それを「闘争」から共存、平和へと転換するのが「自己同一」であると、私は認識する。

このような意味で、「アソシエーション」には人類史を通じて求め続けられてきた理想、目標、課題が集約されていると捉えることができる。そして、私もその一人としてさらに求め続けていきたい。このように考える起点において亀有セツルメントやＭ・ｊさんたちの位置は大きい。

その上で、「アソシエーション」は理想であり、それを有限な人間が実現しようとすると無理が生じ、非合理的で不条理で異常で危ういことが現れると、今では認識できるようになった。これについて、本書ではデモーニッシュ、ディオニュソス、幻想交響曲、魔女、夢遊などで言及している。

五〇代半ばを過ぎて振りかえると、それは反省や後悔に満ちているが、その時は確かに楽しかったことも分かるようになった。逆に言えば、楽しくなければ、あれ程まで熱心にはならなかった。合理性だけで人間は情熱を注ぐことなどできない。ロゴスに対するパトスの力とも言える。私は下戸でアルコールの楽しさは分からないが、神々の蜜酒ネクタルは少しばかり味わえたのではないかと思っている。それは、まことに魅惑的で危ういことだったが、このクライシスを乗り越えて、現在の私がある。

あとがき

本書の内容では、日本共産党における宮本体制確立ための粛党であった「新日和見主義批判」事件が大きな位置を占めている。司馬遷の『史記』に倣い、日本共産党の欽定党史が「本紀」で、川上氏の『査問』が「列伝」であるとすれば、本書は「外伝」に当たるのではないかと考えている。これにより、粛党の動きを党中央の高層だけでなく、「最も実践的な末端」の低層からも考えることができる。

本書の上梓では数えきれないほどの方々の恩義を負っており、深く感謝するが、実名を出すことは控える。ただし編集出版でお世話いただいた高井隆氏はお名前を挙げられるので、改めて感謝申しあげる。

著者略歴

山田　正行（やまだ　まさゆき）

大阪教育大学教授。1953年、群馬県桐生市生まれ。東京大学大学院修了、教育学博士。NPO法人アウシュヴィッツ博物館(福島県白河市)前理事長、ポーランド共和国功績勲爵十字勲章受章。著書に『アイデンティティと戦争』(グリーンピース出版会)、『希望への扉―心に刻み伝えるアウシュヴィッツ』(同時代社)、『平和教育の思想と実践』(同時代社)等。

アイデンティティと時代　一九七〇年代の東大・セツルの体験から

2010年11月5日　初版第1刷発行

著　者　山田　正行
発行者　高井　　隆
発行所　㈱同時代社
〒101-0065　東京都千代田区西神田2-7-6 川合ビル
電話 03-3261-3149　FAX 03-3261-3237
制　作　い　り　す
装　幀　クリエイティブ・コンセプト
印刷・製本　モリモト印刷株式会社

ISBN978-4-88683-684-7